Écrivains et romanciers du XXᵉ siècle
De Malraux à Perec

NOTE DE L'ÉDITEUR

La première édition d'*Une autre histoire de la littérature française* est parue en deux volumes, chez NiL Éditions, en 1997 et en 1998.
Librio réédite le livre de Jean d'Ormesson en proposant dix livraisons :

Le Moyen Âge et le XVIe siècle (septembre 2000) :
Les quatre chroniqueurs – Villon – Rabelais – Du Bellay – Ronsard – Montaigne

Le théâtre classique (septembre 2000) :
Le classicisme – Corneille – Molière – Boileau – Racine

Les écrivains du grand siècle (novembre 2000) :
Retz – La Rochefoucauld – La Fontaine – Pascal – Mme de Sévigné – Bossuet – Mme de La Fayette – Saint-Simon

Les lumières (novembre 2000) :
Les Lumières – La Bruyère – Marivaux – Montesquieu – Voltaire – Rousseau – Diderot – Beaumarchais

Le romantisme (janvier 2001) :
Le romantisme – Chateaubriand – Lamartine – Vigny – Michelet – Hugo – Musset

Écrivains et romanciers du XIXe siècle (février 2001) :
Stendhal – Balzac – Dumas – Mérimée – Sand – Flaubert – Zola – Maupassant – Renard

La poésie au XIXe siècle (mars 2001) :
Desbordes-Valmore – Nerval – Baudelaire – Mallarmé – Verlaine – Lautréamont – Rimbaud

La poésie à l'aube du XXe siècle (avril 2001) :
Claudel – Toulet – Valéry – Péguy – Apollinaire – Larbaud – Saint-John Perse – Aragon – Le surréalisme

Le roman au XXe siècle, de Gide à Montherlant (mai 2001) :
Gide – Proust – Colette – Martin du Gard – Mauriac – Morand – Céline – Giono – Montherlant

Écrivains et romanciers du XXe siècle, de Malraux à Perec (juin 2001) :
Malraux – Queneau – Simenon – Yourcenar – Sartre – Genet – Cioran – Caillois – Camus – Perec

Dans chaque volume :
Pour chacun des chapitres, le texte de Jean d'Ormesson est augmenté par une biographie, des extraits choisis et une bibliographie de l'auteur traité.
À la fin du volume, un tableau chronologique retrace les grands événements de la période.

Jean d'Ormesson
de l'Académie française

Une autre histoire de la littérature française

Écrivains et romanciers du XXᵉ siècle
De Malraux à Perec

Librio

Texte intégral

Appareil critique réalisé par Valérie Lermite

Malraux
(1901-1976)

Le roi de Saba

Servi par une mémoire prodigieuse et par l'intelligence la plus vive, comblé de dons par toutes les fées, Malraux est l'homme de trois dieux, aimés inégalement : l'art, la révolution et le général de Gaulle.

Son grand-père se suicide. Son père se suicide. La femme qu'il aime, puis ses deux fils meurent dans des accidents. Il déteste son enfance et sa vie est tragique. Elle s'ouvre sous le signe de l'art. Dès ses plus jeunes années, négligeant la routine des études traditionnelles, il ne vit que pour l'art. Il travaille chez le libraire Doyon et se lie avec Max Jacob, avec Vlaminck, avec James Ensor, avec Derain, avec Braque, avec Léger, puis avec Picasso. Il écrit son premier article : « Des origines de la poésie cubiste ». Il épouse Clara Goldschmidt, qui sera la mère de Florence. Débuts de la période « farfelue », avec *Lunes en papier* et *Royaume farfelu*. Il entre à la NRF et se ruine à la Bourse. Il part pour l'Indochine en compagnie de Clara. Le monde est grand. Et il est à eux.

L'art et la révolution vont l'occuper tout entier. Et la révolution sort de l'art. À Banteaï-Srey, le long de la voie royale du Cambodge, il s'empare de statues khmères qui lui valent un procès. Il fonde un journal qui s'appellera *L'Indochine*, puis *L'Indochine enchaînée*. Né de la confrontation avec le colonialisme, son engagement politique est déjà évident. Il sera à l'origine de *La Tentation de l'Occident* – « La réalité absolue a été pour vous Dieu, puis l'homme, y écrit à l'auteur un jeune Chinois, et vous cherchez avec angoisse à qui vous pourriez confier son étrange héritage » –, des *Conquérants*, de *La Voie royale*, de *La Condition humaine*, qui reçoit le prix Goncourt. Aragon s'était rendu au congrès de Kharkov en 1930. Malraux se rend au congrès de Moscou en 1934. Avec Édouard Corniglion-Molinier, il part pour le Yémen, à la recherche aérienne du palais de la reine de Saba qu'il croit découvrir — mais ne découvre pas. Hitler prend le pouvoir. Il écrit *Le Temps du mépris*, un livre plein de bonnes intentions, en vérité assez faible, et pourtant prophétique. La guerre d'Espagne éclate.

Malraux fonde l'escadrille *España*, soutient le gouvernement républicain contre Franco, gagne ses galons de colonel et écrit *L'Espoir*. La Gestapo, pendant la guerre, détruira par le feu le manuscrit de *La Lutte avec l'Ange* dont ne subsistera que la première partie : *Les Noyers de l'Altenburg* dont les premières pages sont superbes. Il entre dans la Résistance en 1943 et, sous le nom de colonel Berger — colonel en Espagne, colonel en France —, il commande les F.F.I. du Lot, est blessé, capturé, soumis à un simulacre d'exécution, libéré par miracle, et crée la brigade Alsace-Lorraine. En 1945, il rencontre le général de Gaulle et il est permis de dire qu'il l'aimera comme il n'avait jamais aimé aucune des femmes de sa vie. L'âge des révolutions s'achève pour lui. S'ouvre l'âge du pouvoir. Il devient ministre de l'Information.

Il ne quittera plus le Général. Ministre d'État chargé des Affaires culturelles, ami auréolé du génie littéraire, il sera assis à sa droite pendant plus de dix ans. Le militant révolutionnaire s'est changé en militant gaulliste. « Car il n'était pas entendu que les lendemains qui chantent seraient ce chant des bagnards. » La prédication haletante de Malraux accompagnera les fortunes diverses du gaullisme. Et les *Oraisons funèbres* de Braque, de Jean Moulin ou de Le Corbusier s'inscriront entre *Les Voix du silence* ou *La Métamorphose des dieux* et les *Antimémoires*. Entre Bossuet, aussi, et Gambetta — ou Élie Faure. *Les chênes qu'on abat* seront un dernier hommage au Général disparu dont il avait été le dernier, le plus proche et le plus célèbre des compagnons.

La vie de Malraux, qui se termine à Verrières-le-Buisson, en compagnie de Louise de Vilmorin, à la conversation éblouissante, puis de sa nièce Sophie, aura été, plus que toute autre, à l'image de notre siècle. Elle commence par la dérision farfelue, elle se poursuit par le culte de la révolution et des « héros sans cause » à la recherche d'un sens à donner à la vie, elle s'achève dans l'élan vers le mythe rédempteur de l'art, seul capable de rendre à l'homme cette « part d'éternité » qu'il a perdue depuis la mort de Dieu.

L'homme, pour Malraux, est d'abord ce qu'il fait. C'est en ce sens que Malraux est un aventurier métaphysique, toujours en quête d'une « saisie fulgurante du destin ». Cette eschatologie d'un destin enfin dominé, d'un anti-destin qui marque, dans des termes tantôt cornéliens et tantôt quasi mystiques, le triomphe de la volonté sur la mort, s'incarne successivement dans le général de Gaulle qui dit *non* à l'histoire et dans l'art qui échappe à la tyrannie du temps qui passe. « Derrière chaque chef-d'œuvre rôde ou gronde un destin dompté. » Il y a, derrière ses ruptures successives, une continuité de l'engagement de Malraux au service d'un destin qui lutte contre la mort.

La vie de Malraux elle-même « devient un mythe suscité par ses œuvres ». C'est un extraordinaire metteur en scène de l'histoire, des morts, du Général. Un extraordinaire metteur en scène aussi de sa propre existence. « Une vie ne vaut rien, disait-il, mais rien ne vaut une vie. » La sienne, à une époque où il était permis de penser que l'aventure individuelle était dépassée et terminée, il en a fait un chef-d'œuvre. Un chef-d'œuvre de volonté et d'action. Malraux est une sorte de Nietzsche qui se serait mis, c'est une chance, au service de la liberté et de la démocratie.

La démocratie, à qui il avait rendu service par ses choix et par son talent, lui a renvoyé l'ascenseur. Elle l'a fait entrer au Panthéon. Pourquoi entre-t-on au Panthéon ? Parce qu'on est un grand écrivain, bien sûr. Mais Baudelaire, et Rimbaud, et Proust, et André Gide aussi sont de grands écrivains : il ne viendrait à l'idée de personne de les installer au Panthéon. Il faut, pour le Panthéon, avoir incarné son temps et avoir joué son rôle dans l'histoire en train de se faire. Personne n'a rempli comme Malraux ce programme ambitieux.

Il faut aussi, sans doute, être porté par l'époque. Aragon a tenu une grande place dans son temps et, si Staline n'était pas tombé, il n'est pas impossible qu'un gouvernement communiste l'eût installé sous la coupole du Panthéon entre Voltaire et Zola. Malraux a été servi par le gaullisme qu'il avait servi et par les post-gaullistes qui ont vu en lui, à juste titre, un héraut de leur cause et de leurs espérances.

Il avait, selon sa propre formule, transformé en conscience le plus d'expérience possible. En ce sens, il incarne mieux que personne le temps où il a vécu et la langue dont il s'est servi. À l'âge de Sartre et du soupçon, il a montré que l'homme ne se définit pas par ses rêves ni par ce qu'il dit, mais par ce qu'il fait et par son action.

La Condition humaine, *L'Espoir*, *Les Noyers de l'Altenburg*, *Les Voix du silence* ont été les bréviaires de plusieurs générations successives. Il aura été, en notre temps, une espèce de Chateaubriand qui aurait fréquenté l'avenir et les marxistes au lieu de se donner, par fidélité, au passé et aux Bourbons. Et qui aurait remplacé, chacun fait ce qu'il peut, le *Génie du christianisme* par une histoire de l'art universel. Il n'aura même pas manqué la touche finale de méditation quasi religieuse et de réflexion métaphysique sur la mort.

Le risque, pour Malraux, est de voir son œuvre étouffée par sa vie tumultueuse. Le Panthéon est un triomphe, mais ce n'est pas au Panthéon, c'est dans le cœur et la mémoire que survivent les écrivains. Le destin de Malraux n'appartient pas aux politiques qui se sont emparés de lui après qu'il s'est emparé d'eux. Il appartient aux jeunes gens qui le liront dans des livres de poche.

Biographie

3 novembre 1901. Naissance d'André Malraux à Paris.

1905. Séparation de ses parents. Son père aura deux autres fils : Roland (1912) et Claude (1920).

1909. Suicide de son grand-père.

1912. Naissance de Roland son demi-frère.

1918. Non admis au lycée Condorcet, il renonce aux études.

1919. Travaille chez Doyon, libraire éditeur.

1920. Naissance de Claude son demi-frère. Directeur artistique des Éditions Sagittaire de Simon Kra.

Janvier 1920. Premier article dans la revue La Connaissance.

1921. Directeur littéraire chez Simon Kra. Épouse Clara Goldschmidt. Kahnweiler, marchand de tableaux, l'engage comme éditeur à la galerie Simon.

1922. Début de sa collaboration à la NRF.

1923. En Indochine avec Clara et Louis Chevasson. Est inculpé pour vol de statues et condamné à trois ans de prison ferme.

1924. En appel, il est condamné à une peine sursitaire.

1925. Retourne en Indochine avec Clara. Fonde à Saigon L'Indochine *qui deviendra* L'Indochine enchaînée.

30 décembre 1925. Revient à Paris.

1926. Disparition de L'Indochine enchaînée.

1927. Chargé des éditions de livres d'art chez Gallimard.

1928. Aux Décades de Pontigny. Voyage en Perse. Les Conquérants *obtiennent le prix Interallié. Fait partie du comité de lecture de Gallimard.*

1930. Suicide de son père. Prix Interallié pour La Voie royale.

1931. Voyage en Afghanistan, en Inde, en Chine, au Japon et aux États-Unis.

Mars 1932. Mort de sa mère.

1933. Rencontre Trotski. Reçoit le prix Goncourt pour La Condition humaine. *Brève liaison avec Louise de Vilmorin. Rencontre Josette Clotis. Commence à partager sa vie entre Clara et Josette.*

Mars 1933. Naissance de Florence, sa fille.

1934. À Berlin avec Gide pour demander la libération de Dimitrov. Survol du désert du Yémen à la recherche de vestiges de la capitale de la reine de Saba.

Août 1934. Intervient à Moscou au premier Congrès des écrivains soviétiques. Fondation de la Ligue internationale contre l'antisémitisme (LICA). Rencontre Gorki, Eisenstein, Pasternak et Staline.

Juin 1935. Intervention au Congrès international des écrivains pour la défense de la culture.

Novembre 1935. *Intervention aux assises de l'Association internationale des écrivains pour la défense de la culture.*

21 juin 1936. *Intervient à Londres à l'Association des écrivains pour la diffusion de la culture.*

1936. *Crée l'escadrille* España *au côté des républicains. Se bat à Medellín, Madrid, Tolède et Teruel.*

1937. *Voyage aux États-Unis pour récolter des fonds destinés aux républicains espagnols.*

1938. *Tournage de* Sierra de Teruel *en Espagne.*

1939. *S'engage mais ne sera appelé qu'en 1940.*

1940. *Fait prisonnier à Sens. S'évade et rejoint le sud de la France.*

5 novembre 1940. *Josette Clotis met au monde un enfant de Malraux, Pierre-Gauthier.*

1941-1942. *Dans le Midi, reçoit les visites de Gide, Lacan, Drieu la Rochelle, Sartre.*

1942. *S'installe en Corrèze.*

1943. *Naissance de Vincent, son fils. Noue des contacts avec la Résistance.*

1944. *Sous le pseudonyme de colonel Berger, il dirige les maquisards du Lot, de Dordogne et de Corrèze.*

Juillet 1944. *Arrêté par la Gestapo, emprisonné à Toulouse, il sera libéré après le départ précipité des Allemands. Ses deux frères seront déportés et exécutés. Malraux crée la brigade Alsace-Lorraine.*

12 novembre 1944. *Mort accidentelle de Josette Clotis, les jambes écrasées par un train.*

Janvier 1945. *Au congrès du Mouvement de libération nationale de Paris.*

10 août 1945. *Rencontre le général de Gaulle et devient son conseiller technique.*

21 novembre 1945. *Ministre de l'Information.*

Janvier 1946. *Son divorce d'avec Clara est prononcé.*

20 janvier 1946. *Quitte son ministère pour suivre de Gaulle.*

4 novembre 1946. *Fait une conférence en Sorbonne* : L'Homme et la Culture.

1947. *Devient délégué à la propagande du RPF du général de Gaulle.*

2 juillet 1947. *Discours au Vélodrome d'hiver.*

1948. *Épouse Madeleine, veuve de son frère Roland dont elle a eu un fils, Alain. Fonde* Le Rassemblement, *hebdomadaire dans lequel il écrit de temps en temps.*

17 avril 1948. *Aux assises du RPF à Lille.*

1949. *Fonde la revue* Liberté de l'esprit.

Été 1950. *Atteint de paratyphoïde.*

31 mai 1952. *Prononce un discours au congrès de l'Œuvre du XXe siècle.*

1952. *Voyage en Grèce, en Égypte, en Inde et en Iran.*

1954. *Voyage aux États-Unis.*

1955. *Chez Gallimard, crée la collection « L'univers des formes ».*

1958. *Signataire avec Martin du Gard, Mauriac et Sartre d'une lettre au président de la République demandant la fin de la torture, à la suite de la saisie du livre d'Henri Alleg,* La Question.

1er juin 1958. *Nommé ministre délégué à la présidence du Conseil.*

9 janvier 1959. *Ministre d'État chargé des Affaires culturelles.*

1960. *Voyage au Mexique puis en Afrique. Rencontre le docteur Schweitzer. Rompt toute relation avec Florence, sa fille, qui a signé le « Manifeste des 121 » appelant à l'insoumission des appelés en Algérie.*

22 avril 1961. *À la suite du putsch des généraux, Malraux appelle les Français à former des groupes prêts à riposter contre les parachutistes.*

Mai 1961. *Mort de ses deux fils dans un accident de voiture.*

4 août 1962. *« Loi Malraux » sur la sauvegarde des quartiers anciens et la création des maisons de la culture.*

1962. *Attentat de l'OAS à son domicile. Rencontre John Kennedy lors d'un voyage aux États-Unis.*

9 janvier 1963. *Prononce un discours aux États-Unis où il accompagne* La Joconde.

3 septembre 1963. *Hommage à Georges Braque.*

18 avril 1964. *Inauguration à Bourges de la première Maison de la culture.*

19 décembre 1964. *Oraison funèbre à l'occasion du transfert des cendres de Jean Moulin au Panthéon.*

1965. *Rencontre Mao Tsé-toung lors d'un voyage en Chine. Oraison funèbre de Le Corbusier.*

30 mars 1966. *Discours pour l'ouverture du premier festival mondial des arts nègres à Dakar avec Léopold Senghor.*

1966. *Se sépare de Madeleine et retrouve Louise de Vilmorin.*

1968. *Voyage en Union soviétique. Se réconcilie avec sa fille Florence.*

1969. *Quitte le pouvoir à la démission du général de Gaulle. S'installe à Verrières-le-Buisson avec Louise de Vilmorin. Mort de Louise de Vilmorin.*

Novembre 1969. *« Lettre au président de la République de Bolivie » avec Sartre et Mauriac pour la libération de Régis Debray.*

9 novembre 1970. *Mort du général de Gaulle.*

1971. *Voyage au cap Nord avec Sophie de Vilmorin, nièce de Louise, sa dernière compagne.*

1972. *Hospitalisé pendant plusieurs semaines. Rencontre Nixon à la Maison-Blanche.*

1973. *Voyage en Inde, au Bangladesh, au Népal.*

13 juillet 1973. *À la Fondation Maeght, exposition « Le musée imaginaire d'André Malraux ».*

Octobre 1973. *Témoigne au procès de Jean Viay.*

1974. Voyage *au Japon où il rencontre l'empereur.*

24 **avril** *1974. Émission de télévision au côté de Jacques Chaban-Delmas.*

10 **mai** *1975. À l'occasion du trentième anniversaire de la libération des camps, il s'adresse aux femmes rescapées.*

23 **novembre** *1976. Mort d'André Malraux.*

23 **novembre** *1996. Transfert de ses cendres au Panthéon.*

Œuvres

Extrait choisi

Juin 1927. Grève générale à Canton. L'Angleterre est malmenée. Tchang Kaï-chek, chef de fraction modérée du Guomindang, prend la tête de l'armée et réprime durement le soulèvement de Canton. Deux étrangers, Borodine et Garine, mènent la grève générale destinée à chasser les Européens. Sur le bateau qui le conduit en Chine, le narrateur, en route pour Canton à l'appel de son ami Garine, se souvient de celui-ci.

Les Conquérants

JE ME RÉFUGIE DANS MA CABINE. MAIS L'HÉBÉTUDE DU MAUVAIS sommeil m'y poursuit : migraine, lassitude, frissons... Je me débarbouille à grande eau (non sans peine : les robinets sont minuscules), je mets le ventilateur en marche, j'ouvre le hublot.

Assis sur ma couchette, désœuvré, je sors de mes poches, un à un, les papiers qui s'y trouvent. Des réclames de pharmacies tropicales, de vieilles lettres, du papier blanc orné du petit drapeau tricolore des Messageries Maritimes... Tout cela, déchiqueté avec un soin d'ivrogne, est envoyé par le hublot dans la rivière. Dans une autre poche, d'anciennes lettres de celui qu'ils appellent Garine. Je n'ai pas voulu les laisser dans ma valise, par prudence... Et ceci ? C'est la nomenclature des papiers qui m'ont été confiés par Meunier. Voyons. Il y a bien des choses... Mais en voici deux que Meunier a mises à part dans la nomenclature même : la première est la copie d'une note de l'*Intelligence Service* relative à Tcheng-Daï, avec des annotations de nos agents. La seconde est celle de l'une des fiches de la Sûreté de Hong Kong qui concerne Garine.

Après avoir fermé la porte à clef et poussé le verrou, je prends dans la poche de ma chemise la grosse enveloppe que Meunier m'a remise. La pièce que je cherche est la dernière. Elle est longue et chiffrée. En haut de la première page : *transmis d'urgence*. Le chiffre est joint, d'ailleurs.

La curiosité et même une certaine inquiétude me poussant, je commence à traduire. Qu'est, aujourd'hui, cet homme dont j'ai été l'ami pendant des années ? Je ne l'ai pas vu depuis cinq ans. Au cours de ce voyage, il n'est pas un jour qui ne l'ait imposé à mon souvenir, soit qu'on me parlât de lui, soit que son action fût sensible dans les radios que nous recevions... Je l'imagine, tel que je l'ai vu à Marseille lors de notre dernière entrevue, mais avec un visage formé par l'union de ses visages successifs ; de grands yeux gris, durs, presque sans cils, un nez mince et légèrement courbe (sa mère était juive) et surtout, creusées dans les joues, ces deux rides fines et nettes qui font tomber les extrémités des lèvres minces, comme dans nombre de bustes romains. Ce ne sont pas ces traits, à la fois aigus et marqués, qui animent ce visage, mais la bouche aux lèvres sans mollesse, aux lèvres tendues liées aux mouvements de la mâchoire un peu forte ; la bouche énergique, nerveuse...

Dans l'état de fatigue où je suis, les phrases que je traduis avec lenteur ordonnent mes souvenirs, et ils se groupent à leur suite. La voix domine. Il y a en moi, cette nuit, de l'ivrogne qui poursuit son rêve...

Pierre Garin, dit Garine ou Harine. Né à Genève, le 5 novembre 1892, de Maurice Garin, sujet suisse, et de Sophia Alexandrovna Mirsky, russe, son épouse.

Il est né en 1884... Se vieillit-il ?...

Anarchiste militant. Condamné pour complicité dans une affaire anarchiste, à Paris, en 1914.

Non. Il ne fut jamais « anarchiste militant ». En 1914 – à vingt ans –, encore sous l'influence des études de lettres qu'il venait de terminer et dont il ne restait en lui que la révélation de grandes existences opposées (« Quels livres valent d'être écrits, hormis les *Mémoires* ? »), il était indifférent aux systèmes, décidé à choisir celui que les circonstances lui imposeraient. Ce qu'il cherchait parmi les anarchistes et les socialistes extrémistes, malgré le grand nombre d'indicateurs de police qu'il savait rencontrer chez les premiers, c'était l'espoir d'un temps de troubles. Je l'ai entendu plusieurs fois, au retour de quelque réunion (où – ingénuité – il était allé coiffé d'une casquette de Barclay), parler avec une ironie méprisante des hommes qu'il venait de voir et qui prétendaient travailler au bonheur de l'humanité. « Ces crétins-là veulent avoir raison. En l'occurrence, il n'y a qu'une raison qui ne soit pas une parodie : l'emploi le plus efficace de sa force. » L'idée était alors dans l'air, et elle se reliait au jeu de son imagination, tout occupée de Saint-Just.

On le croyait généralement ambitieux. Seule est réelle l'ambition dont celui qu'elle possède prend conscience sous forme d'actes à accomplir ; il était encore incapable de désirer des conquêtes successives, de les préparer, de confondre sa vie avec elles ; son caractère ne se prêtait pas plus que son intelligence aux combinaisons nécessaires. Mais il sentait en lui, tenace, constant, le besoin de la puissance. « Ce n'est pas tant l'âme qui fait le chef que la conquête », m'avait-il dit un jour. Il avait ajouté, avec ironie : « Malheureusement ! » Et, quelques jours plus tard (il lisait alors le *Mémorial*) : « Surtout, c'est la conquête qui *maintient* l'âme du chef. Napoléon, à Sainte-Hélène, va jusqu'à dire : "Tout de même, quel roman que ma vie !"... Le génie aussi pourrit... »

Il savait que la vocation qui le poussait n'était point celle qui brille un instant, parmi beaucoup d'autres, à travers l'esprit des adolescents, puisqu'il lui faisait l'abandon de sa vie, puisqu'il acceptait tous les risques qu'elle impliquait. De la puissance, il ne souhaitait ni argent, ni considération, ni respect ; rien qu'elle-même. Si, repris par un besoin puéril de rêverie, il rêvait à elle, c'était de façon presque physique. Plus « d'histoires » ; une sorte de crispation, de force tendue, d'attente. L'image ridicule de l'animal ramassé, prêt à bondir, l'obsédait. Et il finissait par considérer l'exercice de la puissance comme un soulagement, comme une délivrance.

Il entendait se jouer. Brave, il savait que toute perte est limitée par la mort, dont son extrême jeunesse lui permettait de se soucier peu ; quant au gain possible, il ne l'imaginait pas encore sous une forme précise. Peu à peu, aux espoirs confus de l'adolescence, une volonté lucide se substituait, sans dominer encore un caractère dont la marque restait la violence dans cette légèreté que donne, à la vingtième année, la connaissance unique de l'abstrait.

André MALRAUX, *Les Conquérants*
© Éditions Bernard Grasset, 1928

Queneau
(1903-1976)

Hegel fait son cirque

Ma mère était mercière, mon père était mercier...

Vers le début du siècle naît au Havre un des esprits les plus forts et les plus charmants de notre temps. Raymond Queneau est passé par le groupe surréaliste, mais il était trop indépendant pour se plier longtemps à la discipline imposée par Breton. Il se lie avec Jacques Prévert, avec Marcel Duhamel, le futur fondateur de la « Série noire » chez Gallimard, avec le peintre Yves Tanguy, et il constitue avec eux le groupe de la rue du Château. En 1933, année de la prise du pouvoir par Hitler, il publie *Le Chiendent* où se font déjà remarquer plusieurs des traits propres à Queneau : une construction rigoureuse, l'usage du français parlé par opposition au français académique, et une grande tendresse pour ses personnages. *Le Chiendent* reçoit le premier prix des Deux-Magots, inventé pour la circonstance par des copains de Raymond Queneau.

Tout au long de sa vie, qui se poursuit à l'École des hautes études, puis au comité de lecture de Gallimard, il se partage entre deux grands secteurs d'activité : l'acquisition d'un savoir à peu près encyclopédique et des recherches sur le langage qui oscillent entre la farce et les mathématiques. Queneau est le plus savant des mystificateurs et le plus gai des érudits.

Il suit les cours de Kojève sur Hegel. Il est élu à l'académie Goncourt. Il conçoit et dirige, à la NRF, l'*Encyclopédie de la Pléiade*. Il participe, avec François Le Lionnais et quelques autres, à la création de l'Oulipo, ouvroir de littérature potentielle, où brilleront, parmi beaucoup de talents à la recherche de nouveauté, un Italo Calvino, un Jacques Roubaud ou un Georges Perec.

L'Oulipo n'est ni une chapelle, ni une académie, ni un mouvement poétique. C'est un laboratoire littéraire. Selon les méthodes formalistes, il ne s'occupe ni de la beauté, ni de l'émotion, ni même du sens, mais du mécanisme de la langue. Il en étudie les structures. Il applique les mathématiques et la philologie à la littérature. Il considère l'œuvre littéraire sous l'angle de la combinatoire. Ses travaux ont pour ancêtres à la fois un Paul Valéry qui avait un faible pour les mathématiques et qui s'intéressait d'abord au fonctionnement de l'esprit, et le surréalisme qui se livrait à des jeux sur la parole et le langage. Il offre un mélange très moderne d'expérimentation, d'esprit de système et d'humour.

L'Oulipo a notamment donné naissance à deux champs de recherche qui ne manquent pas d'intérêt : l'*anoulipisme* et le *synthoulipisme*. L'anoulipisme – ou oulipisme analytique – étudie les œuvres littéraires et dégage les règles qui les commandent. Exemple : François Le Lionnais examine toutes les combinaisons possibles du roman policier où le coupable, soit X, est successivement le père, la mère, la femme, le mari, l'amant, la maîtresse, le juge, le prêtre, le médecin, le détective ou le narrateur et démontre que la seule combinaison encore inexploitée – avis aux amateurs ! – est l'équation : X = le lecteur. Il est clair que toutes les règles littéraires qui ont tant ennuyé des générations d'écoliers, l'usage de l'alexandrin, la division du sonnet en deux quatrains et deux tercets, l'alternance des rimes en ab/ab ou aa/bb ou ab/ba, relèvent de l'anoulipisme.

Le synthoulipisme – ou oulipisme synthétique – est un oulipisme mis en mouvement. Grâce aux mathématiques, il permet de créer des structures littéraires d'une nouveauté radicale. Exemple : Jean Lescure invente la méthode : S + 5 ou V – 7. Il s'agit simplement de remplacer dans un texte chaque substantif (S) ou chaque verbe (V) par le cinquième substantif qui le suit dans un dictionnaire donné ou par le septième verbe qui le précède.

L'exemple le plus célèbre de réussite synthoulipique est *La Disparition* de Georges Perec. Dans ce roman lipogrammatique, dont la lecture pouvait laisser perplexe un lecteur non averti, ne figure aucune trace de la lettre *e*, la plus répandue en français. Les traductions en des langues différentes du français exigeaient, bien entendu, l'abandon d'autres lettres.

Queneau était merveilleusement à l'aise dans un tel laboratoire, à qui il a donné autant qu'il en a reçu. Il est l'inventeur, pour sa part, de la *littérature définitionnelle*, une sorte de langage gigogne qui consiste à substituer à chaque mot la définition développée qu'en fournit le dictionnaire.

Bien avant la fondation de l'Oulipo, qui voit le jour en septembre 1960, Queneau s'était adonné à des travaux qui l'annonçaient déjà. Dès 1947, les délicieux *Exercices de style* racontent, sous quatre-vingt-dix-neuf formes différentes – « ampoulée », « vulgaire », « lettre officielle », « géométrique », « désinvolte », ou « rêvée » –, l'histoire d'un jeune homme au long cou que le narrateur aperçoit sur la plate-forme arrière d'un autobus de la ligne S et qu'il retrouve devant la gare Saint-Lazare en grande conversation avec un ami qui lui conseille de faire recoudre un bouton de son pardessus.

Cent mille milliards de poèmes est un recueil à peu près contemporain de l'invention de l'Oulipo et qui en présente quelques thèmes fondamentaux. Il constitue en effet le premier exemple de poésie combinatoire. Ne renfermant que dix sonnets découpés en languettes horizontales, il permet de composer 10^{14} (dix puissance quatorze) sonnets différents, soit cent mille milliards. En comptant une minute pour changer les volets et pour lire le sonnet en train d'accéder à la réalité, à raison de huit heures par jour et deux cents jours par an (à cause des week-ends et des congés scolaires), le lecteur en a pour un peu plus d'un million de siècles.

Ce sont là, bien sûr, des jeux de pur formalisme. Mais une prodigieuse tendresse pour les êtres se combinant chez lui avec le goût de l'imposture, personne ne peut douter que Queneau soit un vrai et grand poète. Il suffit pour s'en convaincre de lire *Si tu t'imagines* :

> *Si je parle du temps, c'est qu'il n'est pas encore,*
> *Si je parle d'un lieu, c'est qu'il a disparu,*
> *Si je parle d'un homme, il sera bientôt mort,*
> *Si je parle du temps, c'est qu'il n'est déjà plus...*

ou, peut-être mieux encore, la *Petite Cosmogonie portative*, histoire du monde en six chants et treize cent quatre-vingt-dix-huit alexandrins plus ou moins réguliers. La Terre y est « bouillonnaveuse », Vénus est « l'aimable banditrix » et l'espèce animal est « procréfoutante ». Hermès a pour devise : « Hermétique ne suis, herméneutique accepte. » L'auteur se présente lui-même :

> *Celui-ci voyez-vous n'a rien de didactique.*
> *Que didacterait-il sachant à peine rien ?*

Queneau, naturellement, sait à peu près tout. Et il engage, mine de rien, notre littérature sur des voies toutes nouvelles :

> *On parle de Minos et de Pasiphaé*
> *du pélican lassé qui revient de voyage*
> *du vierge du vicace et du bel aujourd'hui*
> *on parle d'albatros aux ailes de géant*
> *de bateaux descendant des fleuves impassibles*
> *d'enfants qui dans le noir volent des étincelles*
> *alors pourquoi pas d'électromagnétisme ?*

Il faudrait s'arrêter longuement sur *Un rude hiver*, sur *Pierrot mon ami*, sur *Loin de Rueil*, sur *Le Dimanche de la vie*, sur *Les Fleurs bleues*. Ce sont des romans où l'innocence, la drôlerie, l'émotion se mêlent inextricablement et inexplicablement à Hegel, à Vico, à Splengler, à Braudel. Mais le chef-d'œuvre de Queneau, le roman burlesque et génial qui, avec l'aide du film de Louis Malle, lui a valu une célébrité prodigieuse, c'est *Zazie dans le métro*. Zazie Lalochère, douze ans, vient passer deux jours à Paris chez son tonton Gabriel qui est danseuse de charme dans un cabaret à Montmartre et hormosessuel. Elle rencontre Trouscaillon, la veuve Mouaque, Marceline et le perroquet Laverdure qui chante :

« Tu causes, tu causes, c'est tout ce que tu sais faire. » Le livre s'ouvre sur une formule célèbre : « Doukipudonktan », et il se termine sur la réponse non moins célèbre de Zazie à sa mère qui, après quarante-huit heures de fièvre et de délire, lui demande sur le quai de la gare : « Alors, qu'est-ce que t'as fait ? — J'ai vieilli », dit Zazie.

Tous les mardis soir, pendant trois ans, à la sortie du comité de lecture de ceux que Blondin, prétendant que les Gallimard mettaient leur doigt dans leur nez, appelait les gars de la narine, j'ai ramené chez lui Raymond Queneau. Il portait un béret basque. De temps en temps, il était secoué de quintes de rire qui lui faisaient du bien, et à moi aussi. C'était l'ami le plus exquis, le cœur le plus tendre, l'être le plus charmant qu'on puisse imaginer. Une autre histoire de la littérature française mon cul, j'espère avoir tout de même montré que Raymond Queneau était un grand personnage.

Biographie

21 février 1903. Naissance de Raymond Queneau au Havre.

1910-1919. Leçons de piano.

1915. Tient un journal. Apprend le grec. Écrit des romans.

1916. Amitié avec Dubuffet.

1918. Détruit de nombreux manuscrits. Se lie avec Limbour.

1920. Baccalauréat. S'inscrit à Paris à l'université en philosophie. La famille déménage à Épinay-sur-Orge.

1921-1924. Diplôme de philosophie. Fréquente les surréalistes.

1922. Voyage en Angleterre.

1923. Cours de mathématiques.

14 mars 1923. Certificat de philosophie générale et logique.

9 juillet 1924. Certificat d'histoire générale de la philosophie.

10 juillet 1924. Certificat de psychologie.

1924. Rencontre Pierre Naville, Michel Leiris, Philippe Soupault et André Breton.

27 janvier 1925. Signataire de la Déclaration du 27 janvier 1925.

18 mars 1925. Certificat d'études supérieures de morale et de sociologie.

15 octobre 1925. « Texte surréaliste » dans La Révolution surréaliste n° 5.

16 octobre 1925. Signataire d'une déclaration contre la guerre du Rif. Service militaire à Paris et en Algérie puis au Maroc.

1926. Zouave pendant la guerre du Rif (mars-avril) puis à la poste militaire de Fès en août.

11 mars 1926. Licence ès lettres.

1927-1928. Donne des textes à La Révolution surréaliste. *(Coécrit le tract* Permettez ! *avec André Breton le 23 octobre 1927.)*

Mai 1927. Certificat d'anglais commercial.

Février 1927. Revient en France après sa démobilisation.

1928. Fréquente le groupe de la rue du Château (Tanguy, Duhamel, Prévert, Boiffard, Baron, Morise). Il peint.

28 juillet 1928. Épouse Janine Kahn, belle-sœur de Breton.

1929. Rompt avec Breton après les incidents entre membres du Grand Jeu et surréalistes. Voyage au Portugal.

1930. Commence ses recherches sur les fous littéraires à la Bibliothèque nationale qui aboutiront à L'Encyclopédie des sciences inexactes. *Prend des cours de boxe.*

1931. Début de sa collaboration à La Critique sociale, *organe du Cercle communiste démocratique auquel il a adhéré.*

1932. Voyage en Grèce. Suit les cours de Kojève sur Hegel (jusqu'en 1939) à l'École pratique des hautes études.
Adhère au Cercle de la Russie neuve et à Front commun.

1932-1939. *Entreprend une psychanalyse.*

1933. Le Chiendent *reçoit le prix des Deux-Magots (13 décembre). Suit les cours de Jacques Lacan, Henri Claude.*

21 mars 1934. *Naissance de Jean-Marie, son fils.*

1934. L'Encyclopédie des sciences inexactes *est refusée par divers éditeurs dont Denoël et Gallimard. Se lie avec Henry Miller.*

1936. *S'installe à Neuilly. Début de sa chronique quotidienne dans* L'Intransigeant. *Fréquente le collège de sociologie.*

Janvier 1938. *Lecteur d'anglais au comité de lecture des éditions Gallimard.*

1938. *Cesse sa chronique dans* L'Intransigeant.

1938-1939. *Collabore à* Volontés.

24 août 1939. *Mobilisé. Ne fera pas partie d'une unité combattante malgré sa demande.*

Mai 1940. *Nommé caporal.*

20 juillet 1940. *Démobilisé.*

1941. *Secrétaire général des éditions Gallimard.*

Juin 1943. *Membre du jury du prix de la Pléiade.*

Septembre 1944. *Membre du comité directeur du Comité national des écrivains (CNE).*

1944. *Chroniques pour* Front national. *Se lie avec Mario Prassinos.*

1945. *Carte de journaliste professionnel.*

Novembre 1945. *Conférences dans les pays scandinaves.*

1946. *Dirige la collection « La plume au vent » chez Gallimard.*

10 février 1946. *Vice-président du CNE.*

1947. *Publie chez Gallimard les leçons d'Alexandre Kojève sur Hegel :* Introduction à la lecture de Hegel.

Mai 1947. *Démissionne du CNE. Fonde la société des films Arquevit avec B. Vian et M. Arnaud.*

1948. *Inscription à la Société mathématique de France.*

Février 1949. *Exposition de gouaches de 1928 à 1948 à la galerie Artiste et Artisan.*

Avril 1949. *Yves Robert met en scène* Exercices de style.

Juin 1949. *Juliette Gréco chante* Si tu t'imagines *mis en musique par Joseph Kosma au* Bœuf sur le Toit.

Novembre 1949. À la limite de la forêt *au cabaret Agnès Capri.*

1950. *Entre au collège de Pataphysique. Voyage aux États-Unis avec Roland Petit, fait les chansons du ballet* La Croqueuse de diamants.

Mars 1950. Le Journal intime de Sally Mara *obtient le prix Claire Bellon.*

Avril 1950. Muses et Lézards *est joué au Théâtre Cacouac.*

Août 1950. Le Lendemain, *court-métrage réalisé et interprété par Queneau, est présenté au Festival d'Antibes.*

Mars 1951. *Élu à l'académie Goncourt.*

Décembre 1951. *Fonde le Club des savanturiers avec Boris Vian.*

1952. *Membre du jury au Festival de Cannes.*

Février 1952. *Élu à l'Académie de l'humour.*

1953. *Écrit un avant-propos pour* L'Arrache-Cœur *de Boris Vian.*

1954. *Dirige l'*Encyclopédie de la Pléiade.
Écrit les dialogues de Monsieur Ripois, *film de René Clément.*

Août 1954. *Au jury du prix Alphonse Allais.*

1955. *Écrit les chansons de* Gervaise *de René Clément.*

Février 1955. *Conférence en Sorbonne.*

Décembre 1955. *Au Mexique pour le tournage du film de Buñuel,* La Mort en ce jardin, *dont il écrit les dialogues.*

1956. *Coordonne l'enquête « Pour une bibliothèque idéale ». Fait un voyage en URSS à l'invitation de l'association France-URSS.*
Chansons pour le ballet de Roland Petit : Le Vélo magique.

1957. *Au congrès de la science-fiction à Londres.*

Juin 1959. *Chez Vian pour l'Acclamation du baron Mollet.*

Octobre 1959. *Reçoit le prix de l'Humour noir pour* Zazie.

Septembre 1960. *Décade de Cerisy consacrée à Raymond Queneau. Y est créé l'Oulipo initialement appelé Sélitex (Séminaire de littérature expérimentale avec François Le Lionnais).*

1960. *Louis Malle adapte* Zazie dans le métro. *Queneau fait les dialogues de* Un couple *de Jean-Pierre Mocky.*

Novembre 1961. *Adaptation de* Loin de Rueil *au TNP.*

1962. *Les* Entretiens avec Georges Charbonnier *sont radiodiffusés. Joue le rôle de Clemenceau dans le film de Claude Chabrol,* Landru.

1963. *Préface les* Mémoires du baron Mollet. *Membre de l'American Mathematical Society.*

Mars 1964. *Fondation de l'Institutum Pataphysicum Mediolannese à Milan.*

1965. *Dialogues du film de Jean Herman,* Le Dimanche de la vie.

3 octobre 1965. *Journée « Comme il vous plaira Raymond Queneau » à la radio.*

1966. *Aux funérailles d'André Breton.*

Mai-juin 1966. *Les* Fleurs bleues *sont diffusées en feuilleton radiophonique.*

1967. *Membre d'honneur de la Nouvelle Académie de Neuilly.*

1968. *Traverse une crise spirituelle. Fait une intervention à l'Académie des sciences.*

18 juillet 1972. *Mort de sa femme, Janine.*

Septembre 1972. Diffusion à la radio du Vol d'Icare *adapté par Michel de Ré.*

1973. *L'Oulipo publie* La Littérature potentielle.

Février 1973. *Reçoit la médaille de la ville du Havre.*

Octobre 1975. *Exposition Queneau à Bruxelles.*

25 octobre 1976. *Mort de Raymond Queneau.*

Œuvres

Extrait choisi

Zazie Lalochère a douze ans. Elle vient à Paris passer deux jours chez son oncle Gabriel, danseuse de charme au Mont-de-Piété. *Le temps pour la mère de Zazie, Jeanne, de s'amuser avec son nouveau jules. Pas de chance pour Zazie : le métro est en grève. Zazie décide donc de visiter la capitale par d'autres moyens. Au matin du premier jour, elle commence par fuguer pendant que son oncle dort encore. Turandot, qui loue un appartement à Gabriel et tient un café au bas de l'immeuble, la poursuit afin de la reconduire auprès de Gabriel. Mais Zazie ne l'entend pas de cette oreille...*

✎ Zazie dans le métro

C'EST UNE RUE TRANQUILLE. LES AUTOS Y PASSENT SI RAREMENT que l'on pourrait jouer à la marelle sur la chaussée. Il y a quelques magasins d'usage courant et de mine provinciale. Des personnes vont et viennent d'un pas raisonnable. Quand elles traversent, elles regardent d'abord à gauche ensuite à droite joignant le civisme à l'eccès de prudence. Zazie n'est pas tout à fait déçue, elle sait qu'elle est bien à Paris, que Paris est un grand village et que tout Paris ne ressemble pas à cette rue. Seulement pour s'en rendre compte et en être tout à fait sûre, il faut aller plus loin. Ce qu'elle commence à faire, d'un air dégagé.

Mais Turandot sort brusquement de son bistro et, du bas des marches, il lui crie :

— Eh petite, où vas-tu comme ça ?

Zazie ne lui répond pas, elle se contente d'allonger le pas. Turandot gravit les marches de son escalier :

— Eh petite, qu'il insiste et qu'il continue à crier.

Zazie du coup adopte le pas de gymnastique. Elle prend un virage à la corde. L'autre rue est nettement plus animée. Zazie maintenant court bon train. Personne n'a le temps ni le souci de la regarder. Mais Turandot galope lui aussi. Il fonce même. Il la rattrape, la prend par le bras et, sans mot dire, d'une poigne solide, lui fait faire demi-tour. Zazie n'hésite pas. Elle se met à hurler :

— Au secours ! Au secours !

Ce cri ne manque pas d'attirer l'attention des ménagères et des citoyens présents. Ils abandonnent leurs occupations ou inoccupations personnelles pour s'intéresser à l'incident.

Après ce premier résultat assez satisfaisant, Zazie en remet :

— Je veux pas aller avec le meussieu, je le connais pas le meussieu, je veux pas aller avec le meussieu.

Exétéra.

Turandot, sûr de la noblesse de sa cause, fait fi de ces proférations. Il s'aperçoit bien vite qu'il a eu tort en constatant qu'il se trouve au centre d'un cercle de moralistes sévères.

Devant ce public de choix, Zazie passe des considérations générales aux accusations particulières, précises et circonstanciées.

— Ce meussieu, qu'elle dit comme ça, il m'a dit des choses sales.

— Qu'est-ce qu'il t'a dit ? demande une dame alléchée.

— Madame ! s'écrie Turandot, cette petite fille s'est sauvée de chez elle. Je la ramenais à ses parents.

Le cercle ricane avec un scepticisme déjà solidement encré.

La dame insiste ; elle se penche vers Zazie.

— Allons, ma petite, n'aie pas peur, dis-le-moi ce qu'il t'a dit le vilain meussieu ?

— C'est trop sale, murmure Zazie.

— Il t'a demandé de lui faire des choses ?

— C'est ça, mdame.

Zazie glisse à voix basse quelques détails dans l'oreille de la bonne femme. Celle-ci se redresse et crache à la figure de Turandot.

— Dégueulasse, qu'elle lui jette en plus en prime.

Et elle lui recrache une seconde fois de nouveau dessus, en pleine poire.

Un type s'enquiert :

— Qu'est-ce qu'il lui a demandé de lui faire ?

La bonne femme glisse les détails zaziques dans l'oreille du type :

— Oh ! qu'il fait le type, jamais j'avais pensé à ça.

Il refait comme ça, plutôt pensivement :

— Non, jamais.

Il se tourne vers un autre citoyen :

— Non mais, écoutez-moi ça... (détails). C'est pas croyab.

— Ya vraiment des salauds complets, dit l'autre citoyen.

Cependant, les détails se propagent dans la foule. Une femme dit :

— Comprends pas.

Un homme lui esplique. Il sort un bout de papier de sa poche et lui fait un dessin avec un stylo à bille.

— Eh bien, dit la femme rêveusement.

Elle ajoute :

— Et c'est pratique ?

Elle parle du stylo à bille.

Deux amateurs discutent :

— Moi, déclare l'un, j'ai entendu raconter que... (détails).

— Ça m'étonne pas autrement, réplique l'autre, on m'a bien affirmé que... (détails).

Poussée hors de son souk par la curiosité, une commerçante se livre à quelques confidences :

— Moi qui vous parle, mon mari, un jour voilà-t-il pas qu'il lui prend l'idée de... (détails). Où qu'il avait été dégoter cette passion, ça je vous le demande.

— Il avait peut-être lu un mauvais livre, suggère quelqu'un.

— Peut-être bien. En tout cas, moi qui vous cause, je lui ai dit à mon mari, tu veux que ? (détails). Pollop, que je lui ai répondu. Va te faire voir par les crouilles si ça te chante et m'emmerde plus avec tes vicelardises. Voilà ce que je lui ai répondu à mon mari qui voulait que je... (détails).

On approuve à la ronde.

Turandot n'a pas écouté. Il se fait pas d'illusions. Profitant de l'intérêt technique suscité par les accusations de Zazie, il s'est tiré en douce.

Raymond QUENEAU, *Zazie dans le métro*,
© Éditions Gallimard, 1959

Simenon

(1903-1989)

La fracture sociale

Né à Liège, de nationalité belge, installé en Suisse, Georges Simenon illustre la littérature française comme l'ont illustrée un Blaise Cendrars, un Ramuz ou un Albert Cohen qui étaient suisses, un Cioran, un Ionesco ou un Panaït Istrati qui étaient roumains, un Maeterlinck, qui était belge lui aussi. Simenon est en vérité le type même de l'écrivain international. Et, selon une formule un peu convenue, c'est un phénomène. Qu'est-ce que le phénomène Simenon ? C'est 550 millions d'exemplaires, traduits en 55 langues.

Simenon est le Citroën ou le Bouygues de la littérature. C'est un industriel. Comme chez Frédéric Dard, alias San-Antonio, il y a aussi chez Simenon quelque chose qui ressemble à un mystificateur. On a raconté qu'il s'était enfermé dans une cage de verre, sur les Grands Boulevards, pour y écrire un livre en trois jours sous les yeux du public. Des journalistes par centaines ont rendu compte de cette scène qui semble n'avoir jamais eu lieu. Ce qui n'est pas une légende, en revanche, ce sont les ripailles, les orgies et surtout la formidable capacité de travail de Simenon.

D'abord journaliste à Liège, il arrive à Paris où il va écrire, sous différents pseudonymes, un millier de contes en quinze ans et peut-être deux cents romans-feuilletons, tantôt du genre sentimental, tantôt du genre grivois et tantôt du genre aventures – avec, parfois, une connotation franchement raciste. Il fait le tour de France en canaux et s'engage sur la voie de romans policiers plus proches des faits divers de province que d'Agatha Christie. Il fait surtout mûrir en lui un des personnages les plus célèbres de notre temps, qui sera incarné successivement par Jean Gabin, Jean Richard et Bruno Crémer : le commissaire Maigret.

Phénomène de la littérature, Simenon est aussi, et peut-être surtout, un phénomène de l'édition. Les couvertures photographiques de Fayard feront beaucoup pour sa célébrité. L'éditeur ne reculera devant rien et un fameux « bal anthropométrique » à la *Boule blanche* rôde encore dans les mémoires. Ainsi, peu à peu, Simenon construit son propre mythe.

Le mythe Simenon a mené une rude bataille pour sa reconnaissance. On peut voir toute l'affaire comme une sorte de match de boxe : Simenon, dit le commissaire Maigret, contre la littérature. Il semble que Simenon l'ait emporté aux points. Des arbitres de première division tels que Gide, Henry Miller, Max Jacob ou Caillois l'ont déclaré champion. Et reconnu pour l'un des leurs. Dans des termes souvent dithyrambiques : « Simenon est le plus grand romancier de tous, écrit Gide, le plus vraiment romancier que nous ayons en littérature. » Et Marcel Aymé : « Un Balzac sans les longueurs. »

Parallèlement au cycle Maigret qui se poursuit d'ouvrage en ouvrage — et il est un peu vain de distinguer tel livre plutôt que tel autre —, Simenon développe une veine réaliste et sociale qui mène à un roman d'atmosphère — Simenon préférait le mot : climat — et à un roman du destin. La pluie y tombe souvent. Avec force. Et elle mouille plus que toute autre. Symbole de son succès : Simenon est accueilli par Gallimard, où il publie des livres rendus célèbres par le cinéma, tels que *La Veuve Couderc* ou *La Vérité sur Bébé Donge*.

L'argent, la littérature, l'édition, le succès sont inséparables chez Simenon. Il rompt avec Gallimard après avoir rompu avec Fayard, et il passe aux Presses de la Cité où l'accueille un nouveau venu qui fait couler beaucoup d'encre et la détourne vers ses réservoirs : Sven Nielsen.

De *Lettre à mon juge* à *La neige était sale* et aux *Anneaux de Bicêtre*, qui s'inspire du monde de la presse et de l'un de ses seigneurs, Pierre Lazareff, Simenon publie près de cent romans, plus durs les uns que les autres. Il devient le plus traduit, le plus lu, le plus célèbre de tous les écrivains. Marié trois fois, les chagrins ne lui sont pas épargnés au milieu de ces succès dont s'emparent, pour les grossir, cinéma et télévision : sa fille Marie-Jo se suicide.

Sa vie, il la raconte dans un livre intitulé *Je me souviens*, puis dans une version romancée de cet ouvrage : *Pedigree*. On y découvre des scènes qu'on retrouve dans les romans : la main du père, par exemple, posée sur l'épaule du jeune homme, et qui, sous une autre forme, reparaîtra dans *La neige était sale*.

La marginalité, la solitude, le va-et-vient entre déviance et rentrée dans le rang, l'alcoolisme, l'abjection, le déclassement, l'évasion, la culpabilité, la sexualité, l'assassinat : voilà le terrain de chasse de Simenon. Loin d'être un traité des vertus, son œuvre serait plutôt une sorte de traité des vices. Impossible de ne pas penser, en le lisant, à l'autre romancier de l'espace psychosocial : Balzac. Peut-être pourrait-on soutenir que Balzac est le romancier d'une époque où les classes populaires habitent, non pas aux mêmes étages, mais dans les mêmes maisons, et en tout cas dans les mêmes quartiers, que les duchesses et les banquiers. Simenon écrit à une époque où les classes défavorisées sont rejetées dans des banlieues lointaines. Il est le romancier de la fracture sociale.

Il est le romancier de la destruction des espaces de référence et des cadres traditionnels. Il est le romancier de l'éclosion de la culture de masse et de la déshumanisation des rapports sociaux. Il est le romancier du malaise de la petite classe moyenne. La modernité qui morcelle l'identité du sujet et la dissolution de la conscience sous une pluie qui ne traduit pas seulement un climat mais une désagrégation ont trouvé en lui leur interprète. L'œuvre de Simenon est une descente, une plongée dans les fissures d'un monde qui se défait.

Biographie

13 février 1903. Naissance de Georges Simenon à Liège.

1906. Naissance de son frère, Christian.

1907. Sa mère prend des étudiants en pension.

1909. Entre à l'école où il est très bon élève.

1914. Boursier au collège Saint-Louis.

1915. Au collège Saint-Servais. Excellent en français.

1918. Interrompt ses études à cause de la maladie de son père. D'abord apprenti pâtissier puis commis en librairie : renvoyé au bout de six semaines.

1919. Entre à La Gazette de Liège. Rapports conflictuels avec sa mère qui lui préfère son frère, Christian.

1921. Se fiance avec Régine Renchon, étudiante aux Beaux-Arts.

1922. Mort de son père.

11 décembre 1922. Arrive à Paris. Garçon de courses pour une Ligue d'anciens combattants dirigée par Binet-Valmer. Puis secrétaire du marquis de Tracy.

1923. Épouse Régine Renchon, dite Tigy, avec qui il aura un fils.

Juillet 1924. Quitte le marquis de Tracy.

1925. Rencontre Joséphine Baker : c'est la passion.

1923-1936. Plus de mille contes pour Le Matin où il entre grâce à Colette. Écrit des romans populaires sous les noms de Georges Sim, Christian Brülls ou Jean du Perry : environ cent quatre-vingt-dix romans où Maigret commence à apparaître jusqu'à sa naissance définitive en 1929.

1927. À bord de La Ginette sur les canaux français puis sur L'Ostrogoth dans l'Europe du Nord. Eugène Merle lui offre cinquante mille francs pour écrire un roman trois jours et trois nuits dans une cage de verre installée sur un boulevard. Cela ne s'est pas fait malgré la légende.

1929. Aborde la « semi-littérature » avec Jules Maigret dont les enquêtes connaissent un vif succès.

20 février 1931. Bal « anthropométrique » à La Boule Blanche pour le lancement par Fayard du premier Maigret.

1932. Voyage en Afrique, il découvre le colonialisme qu'il dénonce.

1933. Voyage en Europe de l'Est. Entre chez Gallimard.

1935. Tour du monde grâce aux reportages qu'il fournit à Voilà, Courrier royal et France-Soir.

1936. Le gouvernement lui interdit un nouveau voyage en Afrique.

1938. S'installe à La Rochelle, en Vendée. Début de sa correspondance avec Gide.

19 avril 1939. Naissance de son premier fils, Marc.

1940. Un médecin diagnostique par erreur une maladie lui laissant peu de temps à vivre. Il entreprend le récit de ses souvenirs sur sa famille et son enfance pour son fils Marc : Je me souviens.

1941. André Gide lui conseille de réécrire Je me souviens *sous forme de roman. Cela aboutira à la première partie de* Pedigree.

1942. Henri Decoin réalise Les Inconnus dans la maison *avec Raimu. Louis Daquin réalise* Le Voyageur de la Toussaint.

1943. Pedigree : *deuxième et troisième parties.*

1944. Accusé de collaboration.

1945. Rupture avec Gallimard pour les Presses de la Cité de Sven Nielsen.

1945-1955. S'installe aux États-Unis, notamment à Lakeville, où il épouse Denyse Ouimet, sa secrétaire, avec qui il aura trois enfants.

1946. Cesse de vivre avec Tigy.

29 septembre 1949. Naissance de John, son deuxième fils.

1950. Divorce d'avec Tigy. Marcel Carné réalise La Marie du port.

22 juin 1950. Épouse Denise à Reno.

1952. Reçu à l'Académie royale de langue et littérature françaises de Belgique.

23 février 1953. Naissance de sa fille Marie-Georges dite Marie-Jo.

19 mars 1955. Retour en France.

1956. Les Smenon s'installent près de Lausanne.

1957. S'installe en Suisse à Echandens.

1958. En cas de malheur *est adapté au cinéma avec Brigitte Bardot.*

Mai 1959. Naissance de son fils, Pierre.

1960. Préside le jury du Festival de Cannes. Se lie avec Henry Miller.

1961. Teresa entre à son service comme femme de chambre, elle sera sa dernière compagne.

Décembre 1963. Denyse est internée dans une clinique psychiatrique.

19 décembre 1963. S'installe dans sa nouvelle maison d'Épalignes.

21 avril 1964. La séparation d'avec Denyse est prononcée.

1970. Pierre Granier-Deferre réalise Le Chat.

1971. Mort de sa mère, Henriette.

1972. S'installe à Lausanne avec Teresa. Cesse d'écrire des romans. Commence ses 21 Dictées *au magnétophone.*

1973. Pierre Granier-Deferre réalise Le Train. *Bertrand Tavernier réalise* L'Horloger de Saint-Paul *d'après* L'Horloger d'Everton.

13 février 1973. S'arrête d'écrire.

1977. Donne ses archives à l'université de Liège. Ouverture d'un fonds Simenon et d'un centre d'études qui lui est consacré.

Février 1978. Dernière visite de Marie-Jo à Simenon.

Mai 1978. Suicide de Marie-Jo, sa fille.

1984. Simenon opéré d'une tumeur au cerveau.

1985. Mort de Tigy.

4 septembre 1989. Mort de Georges Simenon à Lausanne.

1990. Patrice Lecomte réalise Monsieur Hire.

1992. Georges Lautner réalise L'Inconnu dans la maison.

Œuvres

1921. Au pont des arches
1929. La Maison de l'inquiétude
1931. Le Relais d'Alsace
Le Pendu de Saint-Pholien
Pietr-le-Letton
La Danseuse du Gai-Moulin
1933. Le Coup de lune
Les Gens d'en face
L'Âne rouge
La Maison du canal
Les Fiançailles de M. Hire
1934. La Locataire
1935. Les Pitard
1936. 45° à l'ombre
Le Chien jaune
Long-cours
1937. Le Blanc à lunettes
L'Assassin
Le Testament Donadieu
1938. Touriste de bananes
Les Sœurs Lacroix
L'homme qui regardait passer les trains
Les Trois Crimes de mes amis
La Mauvaise Étoile
1939. Le Bourgmestre de Furnes
1940. Les Inconnus dans la maison
Il pleut, bergère
Malempin
1941. Le Voyageur de la Toussaint
1942. La Veuve Couderc
La Vérité sur Bébé Donge
1943. L'Aîné des Ferchaux
1945. Je me souviens (*plus tard* Pedigree)
La Fuite de M. Monde
1946. Trois Chambres à Manhattan
1947. Lettre à mon juge
Au bout du rouleau
1948. Pedigree
La neige était sale
1949. Le Fond de la bouteille
Les Fantômes du chapelier

42

Extrait choisi

Pour ce roman, Simenon, qui parcourt l'Europe du Nord sur L'Ostrogoth, *inaugure en 1929 ce qui sera le personnage de Jules Maigret. Un
meurtre a été commis dans* L'Étoile du Nord, *train en provenance d'Ams-
terdam. Un escroc d'envergure, Pietr-le-Letton, est descendu de ce même
train. Le mort a pourtant une troublante ressemblance avec le Letton. Un
milliardaire et le Letton présumé disparaissent d'un palace parisien. Maigret finit par découvrir que, en Normandie, une femme attend le retour du
mort ou du Letton avec ses deux enfants. À l'affût, comme un inspecteur
débutant, Maigret sent que quelque chose va avoir lieu ici. Il compte sur
les faiblesses de l'homme enfoui dans tout escroc ou tout assassin.*

✍ Pietr-le-Letton

ELLE SOURIT NÉANMOINS, PRONONÇA :
« Vous ne vous êtes donc pas assis ? »
Du pardessus de Maigret, de son pantalon, de ses chaus-
sures, des filets d'eau coulaient sur le plancher ciré, for-
maient de petites mares.

Il ne pouvait s'asseoir ainsi dans les fauteuils de velours vert
tendre du salon.

« Madame Swann, n'est-ce pas ?

— Oui, monsieur... »

Elle le regarda d'un air interrogateur.

« Excusez-moi de vous déranger... Il s'agit d'une simple forma-
lité... Je fais partie de la police de contrôle des étrangers... Nous
nous livrons en ce moment à un recensement... »

Elle ne dit rien. Elle ne paraissait ni plus inquiète ni rassurée.

« Je crois que M. Swann est Suédois, n'est-il pas vrai ?

— Pardon... Norvégien..., mais, pour un Français c'est la même
chose... Moi-même, au début...

— Il est officier de marine ?

— Il navigue en qualité de second officier à bord du *Seeteufel*,
de Brême...

— C'est cela... Il travaille donc pour une société allemande. »

Elle devint plus rose.

« L'armateur est allemand, oui... Du moins sur le papier...

— C'est-à-dire ?...

— Je ne crois pas qu'il soit nécessaire de vous le cacher... Vous savez sans doute que, depuis la guerre, il y a une crise de la marine marchande... Ici même, on vous citera des capitaines au long cours qui sont obligés, faute d'engagement, de s'embarquer comme second ou comme troisième officier... D'autres font la pêche à Terre-Neuve et dans la mer du Nord. »

Elle parlait avec une certaine précipitation, mais d'une voix douce, égale.

« Mon mari n'a pas voulu signer un contrat pour le Pacifique, où il y a davantage à faire, car il n'aurait pu revenir en Europe que tous les deux ans... Des Américains, peu après notre mariage, armaient le *Seeteufel* sous le nom d'un armateur allemand... Et, précisément, si Olaf est venu à Fécamp, c'était pour s'assurer qu'il n'y avait pas ici d'autres goélettes à vendre...

« Vous comprenez, maintenant... Il s'agissait de faire la contrebande de l'alcool aux États-Unis...

« De grosses sociétés se sont fondées, avec des capitaux américains... Elles ont leur siège en France, en Hollande ou en Allemagne...

« C'est pour une de ces sociétés que mon mari travaille en réalité. Le *Seeteufel* fait ce qu'ils appellent l'"Avenue du Rhum".

« Il n'a donc rien à voir avec l'Allemagne...

— Il est en mer en ce moment ? questionna Maigret, sans quitter des yeux le joli visage qui avait quelque chose de franc, et même parfois d'émouvant.

— Je ne pense pas. Vous devez comprendre que les voyages ne sont pas aussi réguliers que ceux des paquebots. Mais j'essaie toujours de calculer à peu près la position du *Seeteufel*. À l'heure qu'il est, il doit être à Brême, ou bien près d'y arriver...

— Vous êtes déjà allée en Norvège ?

— Jamais ! Je n'ai pour ainsi dire pas quitté la Normandie. À peine deux ou trois fois, pour de courts séjours à Paris.

— Avec votre mari ?

— Oui... Entre autres notre voyage de noces.

— Il est blond, n'est-ce pas ?

— Oui... Pourquoi me demandez-vous cela ?

— Avec une petite moustache claire, coupée au ras des lèvres ?

— Oui... Je puis d'ailleurs vous montrer son portrait. »

Elle ouvrit une porte et sortit. Maigret l'entendit circuler dans la chambre voisine.

Elle fut plus longtemps absente qu'il n'était logique. Et, dans la villa, il y eut des bruits de portes ouvertes et fermées, d'allées et venues peu explicables.

Enfin elle reparut, un peu troublée, hésitante.

« Excusez-moi... dit-elle. Je ne parviens pas à mettre la main sur ce portrait... Avec des enfants, une maison est toujours en désordre...

— Une question encore... À combien de personnes avez-vous donné cette photographie de vous ? »

Il montra l'épreuve que le photographe lui avait remise. Mme Swann, cramoisie, bégaya :

« Je ne comprends pas...

— Votre mari en a sans doute un exemplaire ?...

— Oui... Nous étions fiancés quand...

— Aucun autre homme ne possède cette photo ? »

Elle était sur le point de pleurer. Ses lèvres avaient un frémissement qui trahissait son désarroi.

« Aucun...

— Je vous remercie, madame... »

Comme il sortait, une petite fille se glissa dans l'antichambre. Maigret n'eut pas besoin de détailler ses traits. C'était le vivant portrait de Pietr-le-Letton !

« Olga !... » gronda la maman, en poussant l'enfant vers une porte entrouverte.

Le commissaire était à nouveau dehors, dans la pluie, dans la bourrasque.

« Au revoir, madame... »

Il la vit un instant encore dans l'entrebâillement de l'huis, et il eut la sensation de laisser désemparée cette femme qu'il avait surprise chez elle, dans la tiédeur de la villa.

Et il y avait d'autres traces, subtiles, indéfinissables, mais à base d'angoisse, dans les yeux de la jeune maman qui refermait la porte.

Georges SIMENON, *Pietr-le-Letton*
© Éditions Arthème Fayard et Cie, 1931

Yourcenar
(1903-1987)

L'élévation

Le lecteur, ou la lectrice, aura peut-être remarqué – et m'aura peut-être reproché – mon goût pour l'anecdote. Je ne partage pas, en effet, le mépris des pédants pour cette fleur du destin. L'anecdote ne se contente pas d'éclairer une histoire le plus souvent sinistre. Il lui arrive aussi de l'expliquer et de la rendre plus cohérente et plus compréhensible. Encore faut-il que l'anecdote soit significative et qu'elle soit capable de jeter un peu de lumière sur son héros ou sur son héroïne.

Née à Bruxelles d'un père français qui s'appelait Crayencour (quasi-anagramme de Yourcenar) et d'une mère belge qui meurt en lui donnant le jour, Marguerite Yourcenar est la première femme à être élue à l'Académie française où, depuis plus de trois cent cinquante ans, aucune femme n'avait jamais siégé. Elle remplace Roger Caillois et, pour la première fois, sans que s'écroule la Coupole, est prononcé un mot incongru en ces lieux misogynes : « Madame ». L'anecdote marque une date dans l'histoire de l'Académie. Elle ne nous apprend rien, ou pas grand-chose, sur Marguerite Yourcenar.

Qu'est-ce qui est au cœur de Marguerite Yourcenar ? Je dirais deux choses surtout. Commençons par la moins importante : le savoir, l'érudition, une connaissance approfondie de l'histoire de la culture. Après deux courts romans, l'un dans la ligne de Gide : *Alexis ou le Traité du vain combat*, l'autre : *Le Coup de grâce*, un beau récit d'amours malheureuses dans les pays Baltes en lutte contre le communisme, après aussi un roman d'histoire contemporaine dans l'Italie de Mussolini : *Denier du rêve*, ce sont, à dix-sept ans de

49

distance l'un de l'autre, deux chefs-d'œuvre romanesques sur l'histoire de la culture : les *Mémoires d'Hadrien* et *L'Œuvre au noir*.

Le premier dessein des *Mémoires d'Hadrien* remonte loin dans l'adolescence. Marguerite Yourcenar avait pensé d'abord à la figure d'Omar Khayyàm, le poète persan des plaisirs et de l'angoisse. Elle comprit très vite que son ignorance de la langue et du milieu lui interdisait toute profondeur historique et psychologique. Elle avait fait, grâce à son père si léger mais bon éducateur, des études sérieuses de latin et de grec. Elle se rejeta sur Hadrien, le plus grec des empereurs romains.

Pourquoi Hadrien ? Peut-être à cause d'une belle phrase tirée de l'inépuisable correspondance de Flaubert et citée dans les notes qui accompagnent les *Mémoires d'Hadrien* : « Les dieux n'étant plus, et le Christ n'étant pas encore, il y a eu, de Cicéron à Marc Aurèle, un moment unique où l'homme seul a été. » « Un pied dans l'érudition, l'autre dans [...] cette magie sympathique qui consiste à se transporter en pensée à l'intérieur de quelqu'un », poussant le plus loin possible l'assimilation à son héros, collaborant « avec les âges, avec la vie grecque elle-même », travaillant dans les trains et dans les tempêtes de neige de cette Amérique où elle s'est réfugiée, Marguerite Yourcenar ressuscite sous nos yeux l'empereur gréco-romain.

La Grèce n'est pas le seul décor des romans historiques et culturels de Marguerite Yourcenar. Les *Mémoires d'Hadrien* nous transportent à la jointure du paganisme et du christianisme ; à l'ombre des Vinci, des Érasme, des Copernic ou des Galilée, des Ambroise Paré ou des Giordano Bruno, *L'Œuvre au noir* nous fait assister, autour de Bruges, dans les Flandres, dans le monde germanique, au formidable affrontement de la Renaissance et du Moyen Âge. Au centre de ce bouillonnement, le personnage central de Zénon, bâtard de cardinal, alchimiste et médecin, magicien aimé des femmes, voyageur, philosophe plus ou moins hérétique, aventurier de l'âme. Comme le personnage d'Hadrien, Marguerite Yourcenar a longtemps porté en elle la figure de Zénon. Les héros de Yourcenar ressemblent à ce Lao-tseu de légende, resté à méditer dans le sein de sa mère pendant quatre-vingts ans avant de dicter le *Tao-tö king* au gardien de la passe de l'Ouest.

Ce flot de l'histoire qui nourrit ses romans, nous le retrouvons encore dans son autobiographie en trois volumes – *Souvenirs pieux, Archives du Nord, Quoi ? L'Éternité* – qui porte un titre d'ensemble assez éloquent : *Le Labyrinthe du monde*. Après les longs portraits de Michel, le père, joueur, militaire, déserteur, non-conformiste, homme de plaisir, vaguement sorcier, et de Fernande, la mère trop tôt disparue, après l'étonnante description des Flandres sous Jules César, avant la conquête romaine et dans la préhistoire, Marguerite elle-même, avec une exquise discrétion, ne naît qu'aux dernières lignes du deuxième volume. L'autobiographie de Marguerite Yourcenar est d'abord collective et s'intéresse aux ancêtres avant de s'intéresser à elle-même : « Tout être qui a vécu l'aventure humaine est moi. » Et le fil qui relie Marguerite Yourcenar à toute l'humanité court jusqu'aux animaux.

L'essentiel de Yourcenar est pourtant encore ailleurs. Il est dans une exigence qui va à contre-courant des tendances de l'époque. Pour dire les choses d'un mot, elle se méfie du bonheur. Elle méprise le bonheur et elle lui oppose le service, qui est peut-être le mot clé de sa personne et de son œuvre.

« Il m'arrive de me dire, écrit Marguerite Yourcenar, que, tardivement et à ma manière, je suis entrée en religion. » En religion ? En littérature, bien sûr, et la littérature est une espèce de religion. Mais aussi en religion par horreur de la bassesse – et peut-être de cette idée médiocre qu'on se fait du bonheur. « La vue des gens heureux donne la nausée du bonheur », s'écrie Alexis. Et, plus clairement encore, Marie-Madeleine, dans *Feux*, se réjouit en ces termes étonnants d'avoir trouvé son salut dans l'amour de Dieu : « Je ne regrette pas d'avoir été refaite par les mains du Seigneur. Il ne m'a sauvée ni de la mort, ni des maux, ni du crime, car c'est par eux qu'on se sauve. Il m'a sauvée du bonheur. » Et, dans le même ouvrage, mais cette fois en son propre nom, Marguerite Yourcenar insiste : « Je ne supporte pas bien le bonheur. » Et encore, encore : « Qu'il eût été fade d'être heureux ! »

La conclusion sort de la bouche de Yourcenar elle-même, mais elle aurait pu, tout aussi bien, être exprimée par Hadrien, par Zénon, par n'importe lequel de ses héros ou de ses héroïnes : « La seule horreur, c'est de ne pas servir. » Toute l'œuvre de Marguerite Yourcenar est imprégnée d'un bout à l'autre, d'*Alexis ou le Traité du vain combat* jusqu'à *En pèlerin et en étranger* et au *Tour de la prison*, en passant par *Feux* et par *Sous bénéfice d'inventaire*, d'une exigence morale qui tourne le dos aux facilités et au laisser-aller. Tous ses personnages savent « se tenir », comme on disait jadis, et ne s'abandonnent jamais. Marguerite Yourcenar ou la hauteur. Marguerite Yourcenar ou l'élévation.

Le style de Marguerite Yourcenar est ferme, ample, plein de beautés, très « tenu », lui aussi – peut-être, par un joli paradoxe ou par une heureuse rencontre, un peu académique. Écoutons Hadrien en train de rêver sur la misère des hommes : « Quand on aura allégé le plus possible les servitudes inutiles, évité les malheurs non nécessaires, il restera toujours, pour tenir en haleine les vertus héroïques de l'homme, la longue série des maux véritables, la mort, la vieillesse, les maladies non guérissables, l'amour non partagé, l'amitié rejetée ou trahie, la médiocrité d'une vie moins vaste que nos projets et plus terne que nos songes : tous les malheurs causés par la divine nature des choses. »

Ou encore cette page où, à bord d'un vaisseau sur la mer Ionienne, un ancien esclave grec fait la lecture à Hadrien : « Au crépuscule, couché à l'arrière, je l'écoutais me lire des poètes de son pays, jusqu'à ce que la nuit effaçât également les lignes qui décrivent l'incertitude tragique de la vie humaine et celles qui parlent de colombes, de couronnes de roses et de bouches baisées. Une haleine humide s'exhalait de la mer ; les étoiles montaient une à une à leur place assignée ; le navire penché par le vent filait vers l'Occident où s'éraillait encore une dernière bande rouge ; un sillage phosphorescent s'étirait derrière nous, bientôt recouvert par la masse noire des vagues. Je me disais que seules deux affaires importantes m'attendaient à Rome : l'une était le choix de mon successeur, qui intéressait tout l'empire ; l'autre était ma mort, et ne concernait que moi. » Dans la lignée de Chateaubriand, entre le goût de la beauté et l'exigence de servir, nous restons, peut-être presque un peu trop haut, sur les cimes de l'histoire et de l'art.

Marguerite Yourcenar a publié de belles traductions du poète grec Cavafy, de *Negro Spirituals* et de textes helléniques. Voici, tirée de *La Couronne et la Lyre*, anthologie de poètes grecs, la traduction par Marguerite Yourcenar d'une tablette de Petolia, en Eubée :

L'EAU DU LAC DE MÉMOIRE

Sur le seuil de la porte noire
À gauche du pied d'un peuplier
Coule l'eau qui fait oublier.
Âme pure, abstiens-toi d'en boire.

Cherche l'eau du lac de mémoire,
Des gardiens sont sur le bord.
Tu leur diras : « Je crains la mort,
Je suis fils de la terre noire

Mais aussi du ciel étoilé.
Je meurs de soif. Laissez-moi boire
Sur le rivage non foulé. »
Ils t'offriront l'eau de mémoire.

Du flot glacé tu goûteras
Et parmi les héros tu vivras.

Ce n'est pas assez dire que l'art, aux yeux de Yourcenar, est une catégorie fondamentale de la réalité. C'est plutôt la réalité qui est une catégorie subalterne de l'art. C'est le sens, j'imagine, qu'il faut donner à la première de ses merveilleuses *Nouvelles orientales*. Le vieux peintre Wang-fo est condamné à mort par l'empereur de Chine. L'empereur hait Wang-fo parce que le peintre, à ses yeux jaloux, n'a cessé de mentir et qu'il a su se faire aimer en créant un univers plus beau que le monde réel. Le disciple Ling, qui avait tout quitté pour suivre le vieux peintre, est décapité sous les yeux de son maître. Au fond de sa prison, Wang-fo, lui, avant d'être exécuté, est contraint par l'empereur, qui se veut amateur d'art, à peindre un dernier tableau. Il y a la mer sur ce tableau, et tous les vents de la mer, et un grand navire qui se promène sur les flots. Et tout cela est si beau et si vrai, et tout cela sonne si juste qu'on dirait que la mer envahit la prison. Alors, Wang-fo tend la main au jeune Ling décapité, ils montent à bord du navire et ils disparaissent à jamais, tous les deux, le vieux maître et le disciple, sur cette mer de jade inventée par Wang-fo.

Biographie

8 juin 1903. *Naissance de Marguerite Cleenewerk de Crayencour à Bruxelles. Sa mère meurt dix jours après sa naissance.*

1903-1911. *Passe son enfance entre le Mont-Noir et Lille.*

1912. *Son père s'installe à Paris après la vente de la maison du Mont-Noir. L'été se passe à Westende (côte belge).*

Août 1914. *Part pour l'Angleterre avec son père. Apprend l'anglais et le latin.*

Septembre 1915. *Retour à Paris. Commence le grec et apprend par elle-même l'italien.*

Novembre 1917. *Quitte Paris avec son père pour le Midi.*

1917-1922. *Son père tente de regagner sa fortune au jeu.*

1919. *Passe le baccalauréat latin-grec. Écrit des poèmes et crée avec son père l'anagramme qui deviendra son nom en 1947.*

1921. *Écrit cinq cents pages d'un long roman généalogique dont elle se sert plus tard pour d'autres œuvres.*

1922. *Témoin de la marche sur Rome à Milan et à Vérone.*

1924. *Visite l'Italie, notamment la villa Adriana.*

1926. *En Suisse romande. Commence à s'intéresser à la littérature contemporaine.*

1927-1928. *À Lausanne.*

1929. *La parution d'*Alexis ou le Traité du vain combat *lui vaut de nouer une belle amitié avec Edmond Jaloux.*

12 janvier 1929. *Mort de son père à Lausanne.*

1930. *Année passée à l'écriture de* La Nouvelle Eurydice *et* Le Dialogue dans le marécage, *drame en un acte.*

1932. *Voyage en Italie. Elle y commence* Denier du rêve.

1933. *Séjours en Autriche. Rencontre Charles Du Bos et Rudolf Kassner.*

1934. *Séjours en Grèce.*

1935. *À Constantinople avec le poète grec André Embiricos.*

Février 1937. *À Londres pour rencontrer Virginia Woolf. À Paris, rencontre Grace Frick qui deviendra sa compagne et sa traductrice anglaise.*

Septembre 1937. *Aux États-Unis pour la première fois.*

Avril 1938. *Revient des États-Unis et s'installe à Capri.*

Octobre 1938. *À Paris puis en Suisse et en Autriche sous domination nazie.*

Mars 1939. *Quitte l'Autriche pour Athènes. Se consacre, avec Constantin Dimaras, à la traduction de la poésie de Constantin Cavafy.*

Août 1939. *À Sierre (Suisse) à la déclaration de la guerre.*

Novembre 1939. *S'embarque à Bordeaux pour les États-Unis. Ce séjour durera onze ans.*

Juin 1940. *Apprend au côté de Malinowski la chute de Paris.*

Octobre 1940. *S'installe à Hartford (Connecticut) avec Grace Frick.*

1942. *Mi-temps au Sarah Lawrence College (banlieue de New York).*

1943. *Compose un livret,* La Petite Sirène, *pour la compagnie d'Everett Austin. Traduit de nombreux* Negro Spirituals.

Août 1945. *Entend les sirènes des bateaux de pêche qui saluent la fin de la guerre du Pacifique.*

1948. *Reçoit d'Europe des caisses contenant des papiers, entre autres. Elle retrouve l'ébauche de* Mémoires d'Hadrien. *Elle passe les dix-huit mois suivants à la rédaction du livre.*

1949-1951. *Suspend ses cours au Sarah Lawrence College.*

1950. *Achète une propriété, Petite Plaisance, sur l'île des Monts-Déserts (Maine) avec Grace Frick.*

Décembre 1950. *Termine* Mémoires d'Hadrien *sur l'île des Monts-Déserts.*

Mai 1951. *Retour à Paris puis en Suisse.*

Décembre 1951. *À Paris, où le succès de* Mémoires d'Hadrien *la surprend.*

Juin 1952. *Reçoit le prix Femina-Vacaresco pour* Mémoires d'Hadrien.

Fin 1952. *Termine son contrat au Sarah Lawrence College.*

1953. *En Angleterre et en Scandinavie.*

1954. *À Paris puis en Allemagne. En octobre,* Électre ou la Chute des masques *est représentée aux Mathurins. L'interprétation ne la satisfait pas et l'entraîne dans un procès qu'elle gagne.*

1955. Mémoires d'Hadrien *reçoit le* Newspaper Guild of New York Page One Award.

Hiver 1954-1955. *À Fayence, dans le Var.*

1956. *Séjour en Hollande, en Allemagne et en Belgique.*

Décembre 1956. *De retour aux Monts-Déserts.*

1958. *En Italie. Adhère à des groupes de défense des droits civiques, de lutte pour la paix.*

Juin 1958. *Grace Frick subit une importante intervention chirurgicale.*

1960. *Portugal, Espagne, Canaries, Madère.*

Janvier 1961. *Nouvelle intervention sur Grace Frick.*

Printemps 1961. *Avec Grace Frick dans le sud des États-Unis.*

Juin 1961. *Nommée docteur* honoris causa *du Smith College à Northampton (Massachusetts).*

1962. Sous bénéfice d'inventaire *est couronné par le prix Combat.*

Été 1962. *Voyage sur la Baltique, en URSS et en Islande.*

Mars 1964. *Voyage en Pologne, en Tchécoslovaquie, en Autriche, en Italie.*

Mai 1968. *À Paris durant les événements.*

Juin 1968. *Nommée docteur* honoris causa *du Bowdoin College à Brunswick (Maine).*

Novembre 1968. À Paris pour le prix Femina décerné à L'Œuvre au noir.

1969. Conférences dans plusieurs villes des États-Unis.

1970. Élue à l'Académie royale belge de langue et de littérature françaises.

Juin 1971. Légion d'honneur.

Été 1971. Retour aux États-Unis où l'état de santé de Grace Frick la retient jusqu'en 1979 sauf pour de rares occasions.

1972. Nommée docteur honoris causa *au Colby College à Waterville (Maine).*

1974. Grand prix national de la Culture.

1977. Grand prix de l'Académie française. Avec Grace Frick, fait la traversée en train du Canada d'est en ouest et un séjour de un mois en Alaska.

1978. Apprend le japonais.

18 novembre 1979. Mort de Grace Frick.

Février 1980. Dans les Caraïbes, au Yucatán et au Guatemala accompagnée par Jerry Wilson. Élue à l'Académie française au moment d'embarquer.

Septembre-novembre 1980. Séjour en Angleterre, en Scandinavie, en Hollande et en Belgique.

22 janvier 1981. Réception à l'Académie française.

Mars 1981. En Algérie puis au Maroc.

Avril 1981. Portugal, Espagne puis à Paris.

15 mai 1981. Retour aux États-Unis.

Juin 1981. Nommée docteur honoris causa *à Harvard.*

Janvier 1982. En Italie du Nord puis en Égypte.

Mars 1982. À Saint-Paul-de-Vence chez James Baldwin. Est élue à l'Académie américaine des arts et des lettres.

Avril 1982. Retour à Petite Plaisance.

Octobre-décembre 1982. Séjour à Tokyo puis visite du Japon.

Janvier 1983. En Thaïlande puis en Inde.

Février 1983. En Grèce.

Avril 1983. Retour à Petite Plaisance.

Novembre 1983. À Paris puis au Kenya où, le 14 décembre, elle est renversée par une voiture de police. Elle passe cinq semaines à l'hôpital de Nairobi.

Mars 1984. Part de Nairobi.

Avril 1984. Retour à Petite Plaisance.

Janvier-mai 1985. En Inde.

Septembre 1985. Crise cardiaque.

Octobre 1985. Subit cinq pontages coronariens.

8 février 1986. Mort de Jerry Wilson à Paris.

Février 1986. Commandeur de la Légion d'honneur.

Janvier 1987. *Au Maroc.*
Mars 1987. *Retour à Paris puis voyage en Angleterre.*
Avril 1987. *Retour à* Petite Plaisance.
8 novembre 1987. *Accident cérébral.*
17 *décembre* 1987. *Mort de Marguerite Yourcenar.*

Œuvres

1921. Le Jardin des chimères *(poèmes)*

1922. Les Dieux ne sont pas morts *(vers)*

1926. L'Homme couvert de dieux *(conte) (traduction)*

1928. Kâli décapitée *(conte) (traduction)*

1929. *« Diagnostic de l'Europe » dans* La Revue de Genève
« *Endymion » dans* Le Mercure de France
Alexis ou le Traité du vain combat

1930. Le Manuscrit autographe *publie « Sept Poèmes pour Isolde morte »*
« La Symphonie héroïque » dans La Revue de Genève

1931. La Nouvelle Eurydice

1932. Pindare *(biographie)*
« Le Changeur d'or » dans Europe

1933. *« Maléfice » dans* Le Mercure de France

1934. La mort conduit l'attelage
Denier du rêve *(première version)*
« Essai de généalogie du saint » dans Revue bleue

1935 *(?).* Le Voyage en Grèce

1936. Feux

1937. Les Vagues *de Virginia Woolf (traduction)*

1938. Nouvelles orientales
Les Songes et les Sorts

1939. Le Coup de grâce

1947. Ce que savait Maisie *de Henry James (traduction)*
« Le Mystère d'Alceste » dans Les Cahiers du Sud *(publication partielle)*
« Électre ou la Chute des masques » dans Le Milieu du siècle

1951. Mémoires d'Hadrien

1952. *« Regard sur les Hespérides » dans* Les Cahiers du Sud

1954. Électre ou la Chute des masques *(théâtre)*

1955. *« Humanisme et hermétisme chez Thomas Mann » dans* Hommage de la France à Thomas Mann
Sur quelques thèmes érotiques et mystiques de la Gita-Govinda

1956. Les Charités d'Alcippe *(poèmes 1928-1955) (hors commerce)*

1958. Présentation critique de Constantin Cavafy

1959. Denier du rêve *(version définitive)*

1962. Sous bénéfice d'inventaire

1963. Le Mystère d'Alceste, *suivi de* Qui n'a pas son Minotaure ?

1964. Fleuve profond, sombre rivière

1968. L'Œuvre au noir

1969. Présentation critique d'Hortense Flexner

Extrait choisi

D'abord intitulée Le Chef rouge *dans la première édition des* Nouvelles orientales *en 1938,* La Veuve Aphrodissia *s'inspire à l'origine d'un fait divers survenu en Grèce.*

Kostis le Rouge sème la terreur et fait couler le sang dans les villages et se terre dans la montagne. Un jour, après une traque morbide, les hommes de son village natal le ramènent, flanqué de ses comparses, saigné comme une bête.

La veuve du vieux pope Kostaki, qu'il a assassiné six ans plus tôt, éprouve alors une douleur immense. Car Kostis le Rouge était depuis longtemps devenu son amant, son grand amour.

Nouvelles orientales: La Veuve Aphrodissia

APHRODISSIA TOUCHA LA MANCHE DÉCHIRÉE DE LA CHEMISE qu'elle avait cousue de ses propres mains pour l'offrir à Kostis en guise de cadeau de Pâques, et reconnut soudain son nom gravé par Kostaki au creux du bras gauche. Si d'autres yeux que les siens tombaient sur ces lettres maladroitement tracées en pleine peau, la vérité illuminerait brusquement leurs esprits comme les flammes de l'essence commençant à danser sur le mur du cimetière. Elle se vit lapidée, ensevelie sous les pierres. Elle ne pouvait pourtant pas arracher ce bras qui l'accusait avec tant de tendresse, ou chauffer des fers pour oblitérer ces marques qui la perdaient. Elle ne pouvait pourtant pas infliger une blessure à ce corps qui avait déjà tant saigné.

Les couronnes de fer-blanc qui encombraient la tombe du pope Étienne miroitaient de l'autre côté du mur bas de l'enclos consacré, et ce monticule bossué lui rappela brusquement le ventre adipeux du vieillard. Après son veuvage, on avait relégué la veuve du défunt pope dans cette cahute à deux pas du cimetière : elle ne se plaignait pas de vivre dans ce lieu isolé où ne poussaient que des tombes, car parfois Kostis avait pu s'aventurer à la nuit tombée sur cette route où ne passait personne de vivant, et le fossoyeur qui habitait la maison voisine était sourd comme un mort. La fosse du pope Étienne n'était séparée de la cahute que par le mur du cimetière, et ils avaient eu l'impression de continuer leurs caresses à la barbe

61

du fantôme. Aujourd'hui, cette même solitude allait permettre à Aphrodissia de réaliser un projet digne de sa vie de stratagèmes et d'imprudences, et, poussant la barrière de bois éclatée par le soleil, elle s'empara de la pelle et de la pioche du fossoyeur.

La terre était sèche et dure, et la sueur d'Aphrodissia coulait plus abondante que n'avaient été ses larmes. De temps à autre, la pelle sonnait sur une pierre, mais ce bruit dans ce lieu désert n'alerterait personne, et le village tout entier dormait après avoir mangé. Enfin, elle entendit sous la pioche le son sec du vieux bois, et la bière du pope Étienne, plus fragile qu'une table de guitare, se fendit sous la poussée, révélant le peu d'os et de chasuble fripée qui restaient du vieillard. Aphrodissia fit de ces débris un tas qu'elle repoussa soigneusement dans un coin du cercueil et traîna par les aisselles le corps de Kostis vers la fosse. L'amant de jadis dépassait le mari de toute la tête, mais le cercueil serait assez grand pour Kostis décapité. Aphrodissia referma le couvercle, entassa à nouveau la terre sur la tombe, recouvrit le monticule fraîchement remué à l'aide des couronnes achetées jadis à Athènes aux frais des paroissiens, égalisa la poussière du sentier où elle avait traîné son mort. Un corps manquait maintenant au monceau qui gisait à l'entrée du cimetière, mais les paysans n'allaient pourtant pas fouiller dans toutes les tombes afin de le retrouver.

Elle s'assit toute haletante et se releva presque aussitôt, car elle avait pris goût à sa besogne d'ensevelisseuse. La tête de Kostis était encore là-haut, exposée aux insultes, piquée sur une fourche à l'endroit où le village cède la place aux rochers et au ciel. Rien n'était fini tant qu'elle n'avait pas terminé son rite de funérailles, et il fallait se hâter de profiter des heures chaudes où les gens barricadés dans leurs maisons dorment, comptent leurs drachmes, font l'amour et laissent au-dehors la place libre au soleil.

Marguerite YOURCENAR, *Nouvelles orientales*,
© Éditions Gallimard, 1978

Sartre
(1905-1980)

Le dernier des Mohicans

Sartre a tous les dons et une facilité prodigieuse. Il est philosophe et romancier ; il écrit des nouvelles et des pièces de théâtre ; il est biographe à sa manière et, d'une certaine façon, journaliste ; il est critique littéraire et critique d'art ; il s'occupe de politique ; qu'il le veuille ou non, il a écrit des mémoires et une autobiographie : c'est un polygraphe de génie et, selon la formule de Bourdieu, un « intellectuel total ». Témoin et conscience de son temps à la façon d'un Voltaire ou d'un Victor Hugo, il est l'héritier des « grands hommes » de notre histoire. Plus encore qu'André Gide, il est, pour plusieurs générations enivrées d'engagement et d'existentialisme, le contemporain capital. Quand il meurt à l'hôpital Broussais, c'est un événement national et international et cinquante mille personnes suivent son enterrement. Il est le dernier des Mohicans.

Il l'est malgré lui, à son corps défendant. Sans doute, dès l'enfance – il le raconte dans *Les Mots*, le meilleur peut-être, le plus charmant, le plus gai de ses livres –, il rêve de gloire littéraire. Mais l'idée même de « grand homme », version laïque et républicaine de la figure du saint, l'intellectuel en marche vers l'universel qu'il deviendra plus tard la récuse radicalement. Il y voit comme une « illusion rétrospective » dont il s'agit de se dégager. Il n'y a pas plus de grand homme, il n'y a pas plus de grand écrivain qu'il n'y a de sauveur ni de salut : « Si je range l'impossible Salut au magasin des accessoires, que reste-t-il ? Tout un homme, fait de tous les hommes et qui les vaut tous et que vaut n'importe qui. » Sartre est devenu ce grand homme qu'il espérait devenir dans sa petite enfance et dont il contestait, dans son âge mûr, l'existence légitime et presque la possibilité théorique : c'est la première de ses contradictions.

Jean-Paul Sartre appartient à cette configuration littéraire qui nous est la plus familière : il perd son père à quinze mois et il reste seul jusqu'à dix ans « entre un vieillard et deux femmes » – sa mère et ses grands-parents maternels. Le grand-père, Charles Schweitzer, Alsacien, universitaire, humaniste, est l'oncle d'Albert Schweitzer. Protestantisme et catholicisme se partagent la famille.

Jean-Paul, le petit « Poulou », fait ses études à Henri-IV, puis à La Rochelle où sa mère chérie s'est remariée avec un polytechnicien qui est son général Aupick, et, de nouveau à Paris, en khâgne, à Louis-le-Grand. Comme Jaurès et Blum, comme Péguy, comme Giraudoux, comme Jules Romains, il entre à l'École normale. L'École connaît alors une de ses périodes les plus brillantes. Il y a Paul Nizan, le futur auteur d'*Aden Arabie*, des *Chiens de garde*, de *La Conspiration.* Il y a Merleau-Ponty et Canguilhem, qui seront des philosophes de premier plan et qui marqueront plusieurs générations d'étudiants. Il y a surtout Raymond Aron.

Le mythe de Sartre se construira en opposition à deux figures majeures de l'époque. La première est de Gaulle, flanqué de Malraux et de Mauriac. En face, en marge du parti communiste : Jean-Paul Sartre. Patron des *Temps modernes*, à l'origine de plusieurs publications – *Tout !*, *La Cause du peuple*, *Révolution*, et surtout *Libération* –, Sartre ne cesse de combattre de Gaulle dont il dénonce la dictature, plus évidente et plus funeste à ses yeux que celle de Staline. Il signe le « Manifeste des 121 », participe aux grandes manifestations de 1961-1962, se déclare solidaire du FLN algérien. Entre de Gaulle et lui, c'est une lutte de puissance à puissance. À un de ses ministres qui lui proposait d'inculper Jean-Paul Sartre pour appel à l'insoumission, de Gaulle aurait répondu : « On n'inculpe pas Voltaire. »

L'autre pendant de Sartre est Aron. Jusqu'à leur intervention commune à l'Élysée en faveur des *boat people*, les deux camarades de Normale, les deux « petits amis », se regardent en chiens de faïence. Sartre, qui collabore aux

Lettres françaises clandestines et adhère, à la Libération, au Comité national des écrivains, mais qui fait représenter *Les Mouches* et *Huis clos* sous l'Occupation et n'est pas un résistant très actif, se brouille assez vite avec Raymond Aron, juif et Français libre, qui a lutté contre le national-socialisme et qui est presque seul à sauver l'honneur des intellectuels en condamnant le stalinisme à une époque où tous ceux qui le rejetteront plus tard, après la chute du mur de Berlin, s'aplatissent devant lui : il faut lire, témoignage de bassesse et d'aveuglement, le télégramme des normaliens au parti communiste d'URSS en 1953, à la mort de Staline. Mais Sartre est brillant, il amuse, il déroute, il fascine les médias, et il a plus de talents qu'Aron. Un mot célèbre court Paris et fait couler des flots d'encre : « Mieux vaut avoir tort avec Sartre que raison avec Aron. »

Il y a encore, du côté de l'École normale et de l'agrégation de philosophie – où, après avoir été refusé une première fois, il est reçu premier avec un sujet fait pour lui : « Liberté et contingence » –, une autre figure qui jouera un rôle éminent dans la vie de Jean-Paul Sartre : Simone de Beauvoir – reçue deuxième. Un pacte sentimental d'attachement et de liberté unira pour toujours Jean-Paul Sartre et Simone de Beauvoir, « le Castor », championne du féminisme, que la correspondance avec Nelson Algren montrera bien des années plus tard comme une femme soumise – mais à un autre –, emportée par l'amour, aspirant à laver les chemises et à ravauder les chaussettes.

L'ambition de Sartre, « tâcheron énorme, d'après Audiberti, veilleur de nuit présent sur tous les fronts de l'intelligence », n'est pas mince : il aspire à être « à la fois Spinoza et Stendhal ». Jusqu'à près de vingt ans, jusqu'à sa découverte de Bergson, il veut devenir romancier : « Je ne voulais pas être philosophe, j'estimais que c'était perdre son temps. » Un des problèmes de Sartre, son atout majeur et son risque, est ce fil qui court en lui entre littérature et philosophie. *La Nausée*, en 1938, est un conte philosophique, avec accents naturalistes, sur l'existence qui se dévoile et sur la contingence. On a beaucoup dit, en sens inverse, que les analyses concrètes – la caresse, le désir, le regard, le visqueux, la description du garçon de café qui joue au garçon de café – constituaient les meilleures pages de *L'Être et le Néant*, gros pavé philosophique qui doit beaucoup aux trois H germaniques – Hegel, Husserl, Heidegger – et dont le succès, d'après Queneau, était dû d'abord à un accident fortuit : en pleine occupation allemande, au temps de la récupération des métaux, il pesait exactement un kilo. On ajoutait, chez Gallimard, qu'un mastic avait rendu incompréhensibles les vingt ou trente premières pages et qu'il avait été décidé de fournir une édition corrigée à tout lecteur qui en ferait la demande. Mais personne ne se présenta.

Ce n'est pas à coups de bons mots que se jouera le destin de Sartre. Il est philosophe et romancier. La question est celle-ci : est-il un grand philosophe et un bon romancier ou, à l'image de Maupertuis, mathématicien pour les philosophes, philosophe pour les mathématiciens d'après cette peste de Voltaire, un philosophe pour les romanciers, un romancier pour les philosophes ?

Il est douteux que Sartre soit l'égal de Husserl, de Jaspers, de Heidegger. *L'Être et le Néant* est un ouvrage très brillant qui se situe en marge de la voie royale de la philosophie. En dépit d'une philosophie de la liberté qui est loin d'être négligeable, Sartre, qui n'est à l'origine ni de l'existentialisme ni de la phénoménologie, ne peut pas entrer en compétition, comme philosophe, avec un Husserl ni avec un Heidegger.

La force de Sartre – et sa faiblesse – est qu'il a rendu populaire la philosophie universitaire. On pourrait dire la même chose de Bergson, qui a été la coqueluche de Paris. Mais Bergson, en philosophie, est un révolutionnaire qui a ouvert des voies ; Sartre est un disciple étincelant qui a ramassé des courants. Bergson est un début et Sartre est un reflet. Le plus brillant, le plus lumineux des reflets. Mais un reflet.

S'il n'est pas un grand philosophe, est-il un grand romancier ? Nourri de culture classique et de romans d'aventures, excellent connaisseur du roman américain, sa vocation primitive est romanesque. Et, au confluent de la philosophie, des courants culturels de l'époque et de la littérature, *La Nausée*, son premier roman, et les nouvelles du *Mur*, qui présentent cinq petites déroutes devant l'existence, témoignent d'un talent rare et d'une intelligence aiguë. La grande machine romanesque des *Chemins de la liberté – L'Âge de raison*, *Le Sursis*, *La Mort dans l'âme –*, en revanche, est lourde et décevante. Elle marque d'ailleurs le terme de la carrière romanesque de son auteur. Je ne demande pas à être cru sur parole : il suffit d'ouvrir l'un ou l'autre des volumes des *Chemins de la liberté* pour constater qu'ils sont devenus infréquentables.

Philosophe et romancier, Sartre, comblé de dons, est aussi homme de théâtre. *Huis clos*, *Les Mains sales*, *Le Diable et le Bon Dieu*, *Les Séquestrés d'Altona* ont été de grands succès. Le théâtre de Sartre est un théâtre d'idées. C'est un théâtre à thèses. Il met en mouvement les débats, notamment politiques, qui agitaient son époque. Comme son œuvre romanesque, le théâtre de Sartre est lié étroitement à son temps. Sans aller jusqu'à établir, à la façon de Jacques Laurent, un parallèle entre Jean-Paul Sartre et Paul Bourget, je ne suis pas sûr que Sartre soit encore lu par les jeunes gens du début du IIIe millénaire – qui ne liront peut-être plus grand-chose. Mais il ne pourra pas être ignoré par ceux qui voudront comprendre notre époque pour laquelle il a écrit et avec laquelle il risque de disparaître.

Voilà où se situe la vraie grandeur de Sartre : il est le meilleur interprète de son époque. Il n'est pas – et il ne veut pas être – un sage, un mage, un découvreur, un aventurier. Il n'est pas un voyant, il n'est pas un prophète : il s'est beaucoup trompé. Lisez-le : si c'est un voyant, c'est un voyant aveugle ; si c'est un prophète, c'est un prophète démenti. Il n'est même pas – et il ne veut pas être – un styliste. Il est, par excellence – comme Malraux, mais dans l'autre camp –, un grand témoin de son époque.

Il l'est par son intelligence. Par une puissance de travail stupéfiante. Par sa générosité. Par les liens qu'il a établis entre les plus déshérités et lui en train de régner sur le monde des idées. Il a fait descendre sur le pavé une philosophie qu'il s'agissait moins de comprendre que de vivre. Polémiste redoutable, il a fait de la littérature un instrument de combat. La psychologie qui encombrait les romans du passé, il l'a jetée aux orties et il l'a remplacée par la lutte, accessible à chacun, des situations concrètes. Il a été à la fois le plus populaire des professeurs et le plus savant des meneurs d'hommes. Aucun intellectuel de notre siècle, ni Barrès, ni Maurras, ni Malraux, n'a entraîné derrière lui autant de jeunes gens que Sartre. Jusque dans le refus des honneurs et du Nobel, il avait le génie de la communication de son époque.

Après *L'Être et le Néant* – que peu de gens avaient lu, et moins encore compris –, après *Huis clos*, après *L'existentialisme est un humanisme*, une popularité formidable s'abat sur le philosophe. Il la nourrit de petites phrases bien closes, efficaces et mystérieuses qu'adversaires et partisans agitent comme des drapeaux : « L'enfer, c'est les autres », ou « L'homme est une passion inutile. » Qu'est-ce que ça veut dire ? Pas grand-chose peut-être. Je crois bien que lui-même se méfiait de ces slogans que les dévots répétaient, tels des moulins à prières. Ils ont contribué à sa gloire.

Peu à peu, Sartre donne le pas à l'action, à la critique sociale, à la politique sur la littérature. En France et à l'étranger, il occupe une place de plus en plus importante, il finit par exercer « une espèce de magistère moral dans le monde entier » et, malgré lui peut-être, il apparaît comme un maître détenteur de la vérité et très capable de la défendre avec force, et parfois avec violence, contre ses adversaires.

Il s'est brouillé avec Camus comme il s'était brouillé avec Aron. Traité de « hyène stylographe » par l'Union des écrivains soviétiques, mais voyant dans le marxisme « l'horizon philosophique indépassable de notre temps », allant jusqu'à affirmer que « tout anticommuniste est un chien » et persuadé de la victoire finale de l'Union soviétique sur les États-Unis, il se rapproche, dans l'ambiguïté, du parti communiste. Il finit par s'en éloigner pour devenir le totem pensant d'une fraction au moins du gauchisme. Au lendemain de 68, à une réunion de masse avec Michel Foucault, il est rabroué et contesté par une jeunesse dont il est le maître et la proie : « Sartre, sois bref ! »

La montée de Foucault constitue la première menace sérieuse contre son hégémonie : *Les Mots et les Choses* tient la place mythique que *L'Être et le Néant* avait occupée près d'un quart de siècle plus tôt. À la fin de sa vie, quand il est presque aveugle, à peu près à l'époque où Simone de Beauvoir se déclare « flouée », les entretiens avec Benny Lévy, alias Pierre Victor, soulèvent des controverses : Sartre reviendrait-il sur son athéisme déclaré et s'éloignerait-il de ses positions fondamentales ? La question reste ouverte et elle déborde les modestes limites d'une histoire de la littérature.

C'était un des hommes les plus intelligents de sa génération, un polygraphe éblouissant, le meilleur témoin de son temps et, en dépit de lui-même, le dernier, à coup sûr, de nos maîtres à penser. Avec *Saint Genet, comédien et martyr*, avec *L'Idiot de la famille*, fresque inachevée sur Flaubert, il a renouvelé la critique littéraire. Avec ses travaux sur Carpaccio et sur le Tintoret, il a empiété sur la critique d'art. Avec *Les Temps modernes* et avec *Situations*, illustrations d'une littérature engagée et d'une pensée de gauche, il a dominé la vie intellectuelle. Il a joué un rôle considérable sur la scène politique et sociale. Il a marqué l'époque – ou il l'a reflétée – en faisant communiquer littérature et philosophie. Son œuvre, riche et immense, relève du commentaire et de l'interprétation beaucoup plus que du plaisir. En un temps où la glose, le palimpseste, le débat l'emportent de très loin sur le plaisir du texte, elle lui a valu la gloire. Bien plus que tous nos hommes politiques et que les autres écrivains, il est, avec la gloire au comptant et les risques à crédit d'une telle situation, un héros de notre temps et je lui en veux d'avoir pissé, pour mieux montrer sans doute son mépris des grands hommes, sur la tombe de Chateaubriand, au Grand Bé, à Saint-Malo.

Biographie

21 *juin* 1905. *Naissance de Jean-Paul Sartre.*

17 *septembre* 1906. *Mort de son père.*

1906-1911. *Sartre dit « Poulou » vit avec sa mère et ses grands-parents Schweitzer.*

1908. *Atteint d'une taie sur l'œil droit qui engendre un strabisme et ne lui laisse la vue que de l'œil gauche.*

1912. *Lit Madame Bovary, Rabelais, Corneille, Voltaire, Mérimée, Hugo... C'est l'époque où il commence à écrire.*

26 *janvier* 1912. *Écrit à Georges Courteline.*

22 *octobre* 1913. *Mort de son grand-père paternel.*

Octobre 1915. *Au lycée Henri-IV.*

1916-1917. *Paul-Yves Nizan est son camarade de classe.*

26 *avril* 1917. *Remariage de sa mère avec Joseph Mancy. Poulou reste chez ses grands-parents. Sa mère s'installe à La Rochelle avec son mari.*

Novembre 1917. *Rejoint sa mère à La Rochelle. Son adolescence n'est pas heureuse entre son beau-père très différent de lui et ses camarades pour qui il est trop parisien. Il vole de l'argent à sa mère pour faire des largesses à ses camarades. Cet acte entraîne une rupture avec son grand-père maternel.*

1920. *De nouveau à Henri-IV avec Nizan. Ils seront inséparables et surnommés Nitre et Sarzan.*

Juin 1922. *Baccalauréat.*

1922-1923. *En hypokhâgne à Louis-le-Grand avec Paul Nizan. Rencontre René Maheu.*

1923. *Publie « L'Ange du morbide » dans La Revue Sans titre.*

1923-1924. *En khâgne. S'intéresse à la philosophie. Lit Bergson, Schopenhauer, Nietzsche...*

Août 1924. *Reçu à l'École normale supérieure. Y retrouve Raymond Aron, Albert Bédé, Georges Canguilhem, Paul Nizan, Daniel Lagache, Alfred Péron, Pierre Guille, Jean Hyppolite, René Maheu, Jean Seznec, Maurice Merleau-Ponty. Cohabite avec Paul Nizan et fait partie d'un groupe violent dans son langage et dans ses manières. Suit le cours de Bréhier en Sorbonne. Se tourne vers les surréalistes.*

1925. *Rencontre Simone-Camille Sans dite Camille ou Toulouse, plus tard Simone Jollivet. Première liaison.*

1926. *Nizan parti pour Aden, Sartre, Guille et Maheu resserrent leurs liens et voient Mme Morel, dite « cette dame », avec assiduité.*

Août 1926. *Participe à une décade à Pontigny.*

1927. *Reçu à son diplôme d'études supérieures avec mention « très bien ».*

24 *décembre* 1928. *Témoin avec Aron au mariage de Nizan.*

*1928. Échoue à l'écrit de l'agrégation. Demande une jeune fille en mariage :
les parents de celle-ci refusent.*

Juillet 1929. *Rencontre Simone de Beauvoir dite « le Castor » grâce à
René Maheu pour préparer l'agrégation. Il est reçu premier et elle
deuxième. Propose à Simone de Beauvoir un « bail de deux ans ». Simone
de Beauvoir lui présente Fernando Gerassi.*

Novembre 1929. *Service militaire avec Pierre Guille et Raymond Aron.*

1930. Mort de sa grand-mère maternelle.

28 février 1931. *Libéré des obligations militaires.*

1ᵉʳ mars 1931. *Nommé en poste au Havre. Simone de Beauvoir à
Marseille.*

Été 1932. *Voyage au Maroc. Retrouve Pierre Guille et Mme Morel pour
un périple en Espagne.*

Octobre 1932. *Simone de Beauvoir en poste à Rouen, lui au Havre.
Rencontrent Charles Dullin et Colette Audry. Lit Céline et Dos Passos.*

Juillet-août 1933. *Avec Simone de Beauvoir à Hambourg puis voyage
en Allemagne, Autriche, à Prague et en Alsace.*

Septembre 1933. *Boursier pour un an à l'Institut français de Berlin où
il étudie Husserl. Se lie avec « Marie Girard ».*

Octobre 1933. *En poste au Havre. Rencontre Olga Kosakiewicz, ancienne
élève de Simone de Beauvoir.*

Février 1935. *Pour ses recherches, se fait piquer à la mescaline par son
ancien camarade Lagache : s'ensuivent une dépression et des hallucina-
tions pendant plus de six mois.*

21 mars 1935. *Mort de son grand-père maternel.*

Noël 1935. *Vacances en Suisse avec Lionel de Roulet (ancien élève du
Havre) et Hélène de Beauvoir.*

1936. Olga Kosakiewicz fait partie du ménage Sartre-Beauvoir.

Été 1936. *Voyage en Italie : Naples, Rome, Venise.*

*1937. Rencontre Wanda Kosakiewicz, la sœur d'Olga, qui jouera plus
tard les pièces de Sartre sous le nom de Marie-Olivier.*

Été 1937. *En Grèce avec Simone de Beauvoir et Jacques-Laurent Bost.*

Automne 1937. *Nommé à Neuilly.*

Été 1938. *Vacances au Maroc.*

1939. Rencontre Nathalie Sarraute. Fréquente Le Flore.

Mai 1939. *Rencontre Ilya Ehrenbourg à la Conférence antifasciste internationale.*

Été 1939. *Voit Nizan à Marseille pour la dernière fois.*

2 septembre 1939. *Mobilisé.*

Février 1940. *Permission à Paris.*

Avril 1940. *Obtient le prix du Roman populiste pour* Le Mur.

23 mai 1940. *Mort de Paul Nizan au front.*

21 juin 1940. *Fait prisonnier en Lorraine, il est transféré à Trèves.*

Noue des amitiés avec Marc Bénard, le père Paul Feller, l'abbé Henri Leroy, l'abbé Marius Perrin, l'abbé Etchegoyen et le père Boisselot.

Mars 1941. *Réussit à se faire libérer. Rencontre Alberto Giacometti. Fait partie avec Simone de Beauvoir du groupe de résistance « Socialisme et liberté ».*

23 août 1941. *Démobilisé.*

Octobre 1941. *Enseigne à Condorcet en classe de khâgne.*

1942. *Se constitue la « famille » autour de Sartre et de Simone de Beauvoir : Olga, Bost, Wanda et Nathalie Sorokine (ancienne élève de Simone de Beauvoir). Tous deux prennent l'habitude de travailler au* Flore.

1943. *Rejoint le Comité national des écrivains. Collabore aux* Lettres françaises *clandestines. Rencontre Michel Leiris et Raymond Queneau.*

2 juin 1943. *Première des* Mouches. *Y rencontre Albert Camus.*

1943-1944. *Écrit plusieurs scénarios pour Pathé* : Les jeux sont faits, Typhus (Les Orgueilleux), La Fin du monde, Histoire de nègre...

Mars 1944. *Se lie avec Armand Salacrou, Georges Bataille.*

Mai 1944. *Rencontre Jean Genet au* Flore.

27 mai 1944. *Première de* Huis clos.

Septembre 1944. *Avec Simone de Beauvoir, fait partie du comité directeur des* Temps modernes.

1945. *Refuse la Légion d'honneur.*

12 janvier 1945. *Envoyé spécial de* Combat *et du* Figaro *aux États-Unis. Rencontre Alexander Calder, André Masson, Yves Tanguy, Fernand Léger, Lévi-Strauss, André Breton, David Hare, Howard Fast, Richard Wright. Se lie avec Dolorès Vanetti.*

21 janvier 1945. *Mort de M. Mancy, son beau-père.*

Mars 1946. *Conférences au Canada.*

Avril 1946. *Simone de Beauvoir s'inquiète de sa relation avec Dolorès. Il souffre des oreillons.*

Mai-juin 1946. *Conférences en Suisse (Genève, Zurich, Lausanne). Il y rencontre André Gorz.*

Juin 1946. *Conférences en Italie. Rencontre Elio Vittorini, Carlo Levi, Ignazio Silone, Alberto Moravia, Renato Guttuso. Prend Jean Cau comme secrétaire.*

Octobre 1946. *Rencontre Arthur Koestler. S'installe rue Bonaparte avec sa mère.*

8 novembre 1946. *Première de* Morts sans sépulture *et de* La Putain respectueuse.

Novembre 1946. *En Hollande, se soumet à des tests graphologiques et projectifs à l'Institut psychologique dirigé par Van Lennep.*

Décembre 1946. *Membre actif de la Ligue française pour la Palestine libre.*

Février 1947. Début de parution de Qu'est-ce que la littérature ? *dans* Les Temps modernes.

Avril 1947. Défend Nizan diffamé par les communistes.

Août-septembre 1947. Avec Simone de Beauvoir en Suède et en Laponie.

Octobre-novembre 1947. Réalise « La Tribune des Temps modernes » pour la radio. Plusieurs entretiens ne seront pas diffusés. Se brouille avec Raymond Aron et Arthur Koestler.

Février 1948. Témoin au procès de Robert Misrahi accusé de détention d'explosifs pour le groupe Stern. Rejoint le groupe formateur du Rassemblement démocratique révolutionnaire.

2 avril 1948. Première des Mains sales *avec François Périer. Vif succès.*

Mai 1948. Se déclare favorable à la création de l'État d'Israël.

Mai-juin 1948. Simone de Beauvoir voyage avec Nelson Algren aux États-Unis, au Guatemala et au Mexique.

Juin 1948. Rencontre Olivier Todd qui épouse Anne-Marie, la fille de Nizan.

Août 1948. Avec Simone de Beauvoir en Algérie.

30 octobre 1948. Son œuvre est mise à l'Index par le Vatican.

Mai 1949. Rencontre Charlie Parker.

Été 1949. Voyage avec Dolorès Vanetti. Rend visite à Hemingway à La Havane et assiste au culte vaudou en Haïti.

Octobre 1949. Démissionne du RDR.

11 décembre 1949. Mort de Charles Dullin.

1950. Joue un rôle dans le film La vie commence demain.

Janvier 1950. Avec Merleau-Ponty dénonce les camps de concentration soviétiques.

Juin 1950. Rompt avec Dolorès Vanetti.

1951. La municipalité de Nîmes proteste contre la représentation des Mouches *au Festival de Nîmes.*

Hiver 1951. S'entoure de nouveaux collaborateurs aux Temps modernes : *Marcel Péju, Claude Lanzmann, Guy de Chambure et Bernard Dort.*

Janvier 1952. Premier rapprochement avec les communistes.

Août 1952. Rompt avec Camus.

Décembre 1952. Rend visite à Heidegger.

15 janvier 1953. Assiste à la leçon inaugurale de Merleau-Ponty au Collège de France.

Mai 1953. Merleau-Ponty démissionne des Temps modernes.

Juillet 1953. À Rome où il adapte Kean *pour Pierre Brasseur.*

14 novembre 1953. Première de Kean.

Février 1954. À Knokke-le-Zout pour une rencontre entre écrivains de l'Est et de l'Ouest. Y fait la connaissance de Brecht.

Mai-juin 1954. Premier voyage en URSS. Y fait une crise d'hypertension.

Décembre 1954. Nommé vice-président de l'association France-URSS.

8 juin 1955. Première de Nekrassov.

Septembre-novembre 1955. Avec Simone de Beauvoir en Chine.

Mars 1956. Rencontre Arlette El Kaïm. Fera d'elle sa fille adoptive en mars 1965.

Novembre 1956. Condamne l'intervention soviétique en Hongrie et rompt avec le PCF.

1957. Soutien le FLN d'Algérie.

Été 1957. Jean Cau et Sartre se séparent d'un commun accord. C'est Claude Faux qui le remplacera.

Avril 1958. Malraux, Martin du Gard, Mauriac et Sartre demandent au pouvoir d'arrêter l'usage de la torture en Algérie.

Mai 1958. Au défilé antigaulliste de Nation à République.

Octobre 1958. Frôle la crise cardiaque.

Septembre 1959. En Irlande, chez John Huston. Fera retirer, en 1962, son nom du générique du film Freud, The Secret Passion.

Février-mars 1960. À Cuba avec Simone de Beauvoir. Rencontre Fidel Castro et Che Guevara.

Mars 1960. Avec Simone de Beauvoir à la réception donnée par Khrouchtchev à Paris.

Mai 1960. À Belgrade. Le 13, reçu par Tito.

Août-novembre 1960. Avec Simone de Beauvoir au Brésil et Jorge Amado pour guide. Ils rencontrent Niemeyer, Josué de Castro... Sartre signe le « Manifeste des 121 » sur le droit à l'insoumission.

Octobre 1960. Les Temps modernes *sont saisis.*

Février 1961. Nouveau comité de rédaction pour Les Temps modernes : *Simone de Beauvoir, Jacques-Laurent Bost, André Gorz, Claude Lanzmann, Marcel Péju, Bernard Pingaud, Pontalis et Jean Pouillon.*

1961. Le prix Omegna lui est décerné à Milan pour l'ensemble de son œuvre.

4 mai 1961. Mort de Merleau-Ponty.

19 juillet 1961. Son immeuble est plastiqué.

Décembre 1961. Élu membre de l'Institut international de philosophie.

7 janvier 1962. Nouvel attentat chez Sartre.

13 février 1962. Au défilé contre le massacre du métro Charonne.

Juin 1962. En URSS avec Simone de Beauvoir. Se lient avec Léna Zonina. Ils rencontrent Simonov, Fédine, Ehrenbourg, Korneitchouk, Voznesenski... Sartre est reçu par Khrouchtchev.

Août-septembre 1963. En URSS avec Simone de Beauvoir. Reçu par Khrouchtchev.

Septembre 1963. André Puig, secrétaire de Sartre.

Novembre 1963. En Tchécoslovaquie. Se lie avec Antonin Liehm et Adolf Hoffmeister.

1964. Mort de Mme Morel.

Juin-juillet 1964. *Voyage en URSS.*

Octobre 1964. *Nouveaux venus aux* Temps modernes : *Annie Leclerc, Georges Perec, André Velter, Serge Sautereau, Nicos Poulantzas et Jean-Paul Dollé.*

15 octobre 1964. *Envoie une lettre où il signifie son refus de figurer sur une liste de lauréats au Nobel.*

22 octobre 1964. *Reçoit le prix Nobel qu'il refuse.*

26 janvier 1965. *Requête pour adopter Arlette El Kaïm.*

18 mars 1965. *Sa requête d'adoption est acceptée.*

Juillet 1965. *Séjour en URSS. Demande la grâce du poète juif Brodski déporté. Ce dernier sera libéré peu après.*

Décembre 1965. *Soutient François Mitterrand aux élections présidentielles.*

Mai-juin 1966. *Séjour en URSS. Soljenitsyne refuse de le rencontrer.*

Été 1966. *Voyage en Grèce et en Italie. Accepte de participer au « tribunal Russell » sur les crimes de guerre américains au Vietnam.*

Septembre-octobre 1966. *Séjour au Japon.*

Mai 1967. *Nommé président exécutif du tribunal Russell qui siège à Stockholm.*

12 décembre 1967. *Mort de Simone Jollivet.*

6 mai 1968. *Favorable au mouvement étudiant et contre la répression policière.*

Été 1968. *Appel à boycotter les jeux Olympiques de Mexico.*

Août 1968. *Condamne l'intervention des troupes soviétiques en Tchécoslovaquie.*

30 janvier 1969. *Mort de sa mère.*

Mai 1969. *Favorable à la candidature d'Alain Krivine de la Ligue communiste.*

Novembre 1969. *Avec Malraux et Mauriac demande la libération de Régis Debray.*

Décembre 1969. *Accepte une interview à la télévision à laquelle il refuse de paraître habituellement.*

Mars 1970. *Adhère au comité Israël-Palestine.*

Avril 1970. *Prend la direction de* La Cause du peuple. *S'y lie avec Pierre Victor (Benny Lévy).*

Mai 1970. *Pontalis et Pingaud quittent* Les Temps modernes.

Juin 1970. *Fondation du Secours rouge.*

Novembre 1970. *Début des entretiens qu'il accorde jusqu'en 1974 à John Gerassi.*

Février 1971. *Participe à l'occupation ratée du Sacré-Cœur. Démissionne du Secours rouge.*

Avril 1971. *Rompt avec Cuba.*

Mai 1971. *Légère attaque.*

Juin 1971. *Dirige le journal* Révolution !

Février 1972. *Expulsé par la force par le service d'ordre des usines Renault.*

Hiver 1972. *Accepte la direction d'un nouveau quotidien,* Libération.

Février 1973. *Prend la défense des membres de la Fraction Armée rouge (ou bande à Baader).*

Mars 1973. *Sérieuse attaque.*

22 mai 1973. *Premier numéro de* Libération.

Juin 1973. *Atteint de semi-cécité de son œil valide.*

Octobre 1973. *Attaqué par* Minute *pour diffamation.*

25 octobre 1973. *Condamne l'attitude du gouvernement français dans le conflit israélo-arabe dans le journal israélien* Al Hamishmar.

Novembre 1974. *Rompt avec l'Unesco qui refuse d'inclure Israël dans une région précise du monde.*

Décembre 1974. *S'entretient avec Andreas Baader en prison à Stuttgart.*

Septembre 1975. *Proteste contre l'exécution de cinq militants antifascistes en Espagne.*

Mars 1976. *Demande à cinquante prix Nobel de lancer un appel pour la libération de Mikhael Stern emprisonné en URSS.*

Octobre 1976. *Sortie du film d'Alexandre Astruc et de Michel Contat,* Sartre par lui-même.

Novembre 1976. *Docteur* honoris causa *de l'université de Jérusalem.*

Mars 1977. Les Temps modernes *sont rejoints par Claire Etcherelli, François George, Pierre Goldman, Pierre Rigoulot et Pierre Victor.*

Septembre 1977. *Dans le journal italien* Lotta continua, *il déclare :* « Je ne suis plus marxiste. »

Février 1978. *Avec Pierre Victor et Arlette El Kaïm en Israël pour favoriser l'initiative de paix de Sadate.*

26 septembre 1979. *Assiste aux obsèques de Pierre Goldman, assassiné le 20 septembre.*

Janvier 1980. *S'insurge contre l'assignation à résidence d'Andreï Sakharov et appelle à boycotter les jeux Olympiques de Moscou.*

Février 1980. *Accorde une interview à un journal homosexuel,* Gay-Pied.

20 mars 1980. *Hospitalisé pour un œdème pulmonaire.*

15 avril 1980. *Mort de Jean-Paul Sartre.*

Œuvres

Extrait choisi

Sartre publie Les Mots *en 1964. Récit autobiographique en deux parties : « lire » et « écrire ». Les deux grands moments de l'enfance de Sartre. Une enfance passée entre sa mère Anne-Marie, sa grand-mère Louise et son grand-père Charles Schweitzer, inventeur de la « méthode directe » pour l'enseignement des langues. La découverte des livres et de l'écriture constitue, pour le jeune Sartre, un des événements les plus heureux de son existence.*

Les Mots

JE M'EMPARAI D'UN OUVRAGE INTITULÉ *TRIBULATIONS D'UN CHI-nois en Chine* et je l'emportai dans un cabinet de débarras ; là, perché sur un lit-cage, je fis semblant de lire : je suivais des yeux les lignes noires sans en sauter une seule et je me racontais une histoire à voix haute, en prenant soin de prononcer toutes les syllabes. On me surprit – ou je me fis surprendre – on se récria, on décida qu'il était temps de m'enseigner l'alphabet. Je fus zélé comme un catéchumène ; j'allais jusqu'à me donner des leçons particulières ; je grimpais sur mon lit-cage avec *Sans famille* d'Hector Malot, que je connaissais par cœur et, moitié récitant, moitié déchiffrant, j'en parcourus toutes les pages l'une après l'autre : quand la dernière fut tournée, je savais lire.

J'étais fou de joie : à moi ces voix séchées dans leurs petits herbiers, ces voix que mon grand-père ranimait de son regard, qu'il entendait, que je n'entendais pas ! Je les écouterais, je m'emplirais de discours cérémonieux, je saurais tout. On me laissa vagabonder dans la bibliothèque et je donnai l'assaut à la sagesse humaine. C'est ce qui m'a fait. Plus tard, j'ai cent fois entendu les antisémites reprocher aux juifs d'ignorer les leçons et les silences de la nature ; je répondais : « En ce cas, je suis plus juif qu'eux. » Les souvenirs touffus et la douce déraison des enfances paysannes, en vain les chercherais-je en moi. Je n'ai jamais gratté la terre ni quêté des nids, je n'ai pas herborisé ni lancé des pierres aux oiseaux. Mais les livres ont été mes oiseaux et mes nids, mes bêtes domestiques, mon étable et ma campagne ; la bibliothèque, c'était le monde pris dans un miroir ; elle en avait l'épaisseur infinie, la variété, l'imprévisibilité. Je me lançai dans d'incroyables aventures : il fallait grimper sur les chaises, sur les tables, au risque de provoquer des avalanches qui m'eussent enseveli. Les ouvrages du rayon supérieur restèrent longtemps hors de ma portée ; d'autres, à peine je les avais découverts, me furent ôtés des mains ; d'autres, encore, se cachaient : je les avais pris, j'en avais commencé la lecture, je croyais les avoir remis en place, il fallait une semaine pour les retrouver. Je fis d'horribles rencontres : j'ouvrais un album, je tombais sur une planche en couleurs, des insectes hideux grouillaient sous ma vue. Couché sur le tapis, j'entrepris d'arides voyages à travers Fontenelle, Aristophane, Rabelais : les phrases me résistaient à la manière des choses ; il fallait les observer, en faire le tour, feindre de m'éloigner et revenir brusquement sur elles pour les surprendre hors de leur garde : la plupart du temps, elles gardaient leur secret. J'étais La Pérouse, Magellan, Vasco de Gama ; je découvrais des indigènes étranges : « Héautontimorouménos » dans une traduction de Térence en alexandrins, « idiosyncrasie » dans un ouvrage de littérature comparée. Apocope, Chiasme, Parangon, cent autres Cafres impénétrables et distants surgissaient au détour d'une page et leur seule apparition disloquait tout le paragraphe. Ces mots durs et noirs, je n'en ai connu le sens que dix ou quinze ans plus tard et, même aujourd'hui, ils gardent leur opacité : c'est l'humus de ma mémoire.

La bibliothèque ne comprenait guère que les grands classiques de France et d'Allemagne. Il y avait des grammaires, aussi, quelques romans célèbres, les *Contes choisis* de Maupassant, des ouvrages d'art – un *Rubens*, un *Van Dyck*, un *Dürer*, un *Rembrandt* – que les élèves de mon grand-père lui avaient offerts à l'occasion d'un Nouvel An. Maigre univers. Mais le Grand Larousse me tenait lieu de tout : j'en prenais un tome au hasard, derrière le bureau, sur l'avant-dernier rayon, A-Bello, Belloc-Ch ou Ci-D, Mele-Po ou Pr-Z (ces associations de syllabes étaient devenues des noms propres qui désignaient les secteurs du savoir universel : il y avait la région Ci-D, la région Pr-Z, avec leur faune et leur flore, leurs villes, leurs grands hommes et leurs batailles) ; je le déposais péniblement sur le sous-main de mon grand-père, je l'ouvrais, j'y dénichais les vrais oiseaux, j'y faisais la chasse aux vrais papillons posés sur de vraies fleurs. Hommes et bêtes étaient là, *en personne* : les gravures, c'étaient leurs corps, le texte, c'était leur âme, leur essence singulière ; hors les murs, on rencontrait de vagues ébauches qui s'approchaient plus ou moins des archétypes sans atteindre à leur perfection : au Jardin d'Acclimatation, les singes étaient moins singes, au Jardin du Luxembourg, les hommes étaient moins hommes. Platonicien par état, j'allais du savoir à son objet ; je trouvais à l'idée plus de réalité qu'à la chose, parce qu'elle se donnait à moi d'abord et parce qu'elle se donnait comme une chose. C'est dans les livres que j'ai rencontré l'univers : assimilé, classé, étiqueté, pensé, redoutable encore ; et j'ai confondu le désordre de mes expériences livresques avec le cours hasardeux des événements réels. De là vint cet idéalisme dont j'ai mis trente ans à me défaire.

Jean-Paul SARTRE, *Les Mots*
© Éditions Gallimard, 1977

Genet
(1910-1986)

L'envers du monde

Né de père inconnu, abandonné par sa mère, confié à l'Assistance publique, envoyé en maison de redressement, déserteur de la Légion étrangère, admiré et aidé par Jouvet, par Sartre, par Cocteau, par Malraux, Jean Genet est le poète du vol, du crime, de la prostitution et de l'homosexualité. « Un temps je vécus du vol, mais la prostitution plaisait davantage à ma nonchalance. J'avais vingt ans. »

Placé à huit ans par l'Assistance publique chez des paysans du Morvan, il est accusé de vol deux ans plus tard. À tort ? À raison ? L'enfant se précipite en tout cas sur le « mot vertigineux » qu'on lui jette à la face et sur l'accusation portée contre lui. Il l'assume, il la revendique : « Je sentais le besoin de devenir ce qu'on m'avait accusé d'être. » Il est envoyé à Mettray, dans une maison de correction. Il s'évade. C'est le début d'une existence de délinquance et de transgression qu'il mènera jusqu'à sa mort.

Il vagabonde de port en port sur les rivages de la Méditerranée, en Espagne et en France, se prostituant pour vivre aux marins et aux touristes. Un cambriolage finit par le mener en prison. C'est à Fresnes, en 1942, qu'il écrit son premier poème : *Le Condamné à mort*.

Quelques années plus tôt et déjà en prison, Genet s'était lié avec un prisonnier d'un grand charme et d'une grande beauté, qui portait le même nom qu'un secrétaire assez célèbre de Chateaubriand : Maurice Pilorge. Maurice Pilorge fut guillotiné le 17 mars 1939, le jour même ou le lendemain de l'entrée des troupes allemandes à Prague. Écrit dans une langue classique admirable et traditionnelle, avec une ombre de préciosité, *Le Condamné à mort*, dont beaucoup de passages relèvent d'une franche obscénité, sort du souvenir de Pilorge.

> *Pardonnez-moi mon Dieu parce que j'ai péché !*
> *Les larmes de ma voix, ma fièvre, ma souffrance,*
> *Le mal de m'envoler du beau pays de France,*
> *N'est-ce assez mon Seigneur pour aller me coucher*
>   *Trébuchant d'espérance*
>
> *Dans vos bras embaumés, dans vos châteaux de neige !*
> *Seigneur des lieux obscurs, je sais encore prier.*
> *C'est moi mon père, un jour, qui me suis écrié :*
> *Gloire au plus haut du ciel au dieu qui me protège,*
>   *Hermès au tendre pied !*
>
> *Je demande à la mort la paix, les longs sommeils,*
> *Le chant des séraphins, leurs parfums, leurs guirlandes,*
> *Les angelots de laine en chaudes houppelandes,*
> *Et j'espère des nuits sans lunes ni soleils*
>   *Sur d'immobiles landes...*

Grâce à l'intervention de plusieurs écrivains, Genet échappe à la relégation et s'engage dans une œuvre romanesque et théâtrale qui chante le « monde délicat de la réprobation » et exalte les « fastes de l'abjection ». Quatre romans : *Notre-Dame-des-Fleurs*, *Miracle de la rose*, *Pompes funèbres*, *Querelle de Brest* ; et, plus importantes encore, cinq pièces qui, chaque fois, réussissent à déchaîner le scandale : *Haute Surveillance*, *Les Bonnes*, *Le Balcon*, *Les Nègres*, *Les Paravents*. Comme sa poésie, comme ses romans, le théâtre de Genet est un théâtre de la révolte et du paroxysme. Depuis sa plus petite enfance, Genet était « l'ennemi déclaré » de la société et de la patrie. L'enfant illégitime rejeté par la société, le voleur, le déserteur s'était réjoui en mai 1940 de l'écroulement de la nation. Il était une sorte de traître professionnel, l'ennemi public n° 1 de toute tradition et de toute institution. « Il est bien trop tard, disait-il à Cocteau, pour que je me civilise. » Il était « irréconciliable ». Il refusait de saluer André Gide parce qu'il trouvait « son immoralité bien suspecte ». La sienne allait plus loin. Et très loin.

J'ai eu l'honneur d'appartenir à un régiment de parachutistes. On peut comprendre qu'élevés dans le respect de la discipline et dans le culte d'une nation qui n'était même pas toujours la leur, légionnaires et parachutistes aient été indignés par une pièce comme *Les Paravents* dont André Malraux, ministre du Général, prit avec courage la défense. Il avait raison. Genet est un grand écrivain. Et un grand écrivain peut écrire ce qu'il veut.

Attaqué par les uns avec une extrême violence – il est pour François Mauriac un écrivain « excrémentiel » –, admiré et défendu par les autres, Genet fut chanté et exalté jusqu'à la sanctification par Jean-Paul Sartre, qui le considère comme un « moraliste » dans *Saint Genet, comédien et martyr*. Il ne devait s'agir d'abord que d'une simple préface : elle finit par prendre les proportions d'un volume. On voit bien pourquoi Sartre s'intéressait à Genet : le choix délibéré d'un homme qui se veut voleur parce qu'on l'a traité de voleur semble sortir tout droit d'une de ces analyses concrètes de *L'Être et le Néant* où le garçon de café joue le rôle du garçon de café. Et toute l'œuvre de Genet est une illustration de ce qu'il y a de plus fort dans la philosophie de Sartre, qui privilégie les *situations* au détriment de la *psychologie* : « Le génie n'est pas un don mais l'issue qu'on invente dans les cas désespérés. »

On imagine l'épreuve que constitue pour un écrivain un cadeau empoisonné comme celui de Sartre. Le gros volume de Sartre fit l'effet d'un pavé de l'ours sur la tête de Genet qui n'avait pas tellement envie d'être canonisé. L'auteur de *Pompes funèbres* et de *Querelle de Brest* en resta silencieux pendant plusieurs années « de grisaille et d'imbécillité » : « J'ai mis un certain temps à me remettre. J'ai été presque incapable de continuer à écrire. »

Une autre épreuve, plus cruelle, attendait Jean Genet : le suicide d'un ami qui lui était très proche et qui s'appelait Abdallah. « Il tenait beaucoup à Abdallah, qui s'est tué plus ou moins à cause de lui, dit Sartre à Simone de Beauvoir, et Genet à ce moment-là a décidé de ne plus écrire. » À partir du début ou du milieu des années soixante, il ne sortira plus, en effet, de son silence que pour donner quelques textes politiques et pour prendre le parti des exclus et des réprouvés, des travailleurs immigrés aux *Black Panthers* américains et des Palestiniens à la bande à Baader. Il se rendra à Sabra et à Chatila où des centaines de Palestiniens avaient été assassinés et il rédigera une préface aux *Textes des prisonniers* de *Fraction armée rouge*. Le dernier de ses livres, *Un captif amoureux*, sera un ouvrage de combat.

Jean Genet était-il un révolutionnaire ? La question est moins naïve qu'il n'y paraît. Il a déclaré lui-même qu'il n'avait aucune espérance révolutionnaire. Il était contre la société, c'est tout. Il était du côté de l'envers sulfureux du monde, du côté des prisons, des bordels et des échafauds. Mais peut-être souhaitait-il que « le monde ne change pas » afin de pouvoir continuer à le dénoncer et à le combattre.

Il l'a combattu avec une magnificence qui, à son regret sans aucun doute, lui confère une place de choix dans l'histoire de notre littérature. À son regret ?... Trop vite dit, peut-être. « Les deux seules choses, disait-il, qui font que j'appartiens à la nation française sont la langue et la nourriture. » Et encore : « Ma victoire est verbale. » Pour combattre la société, il avait noué un pacte avec la langue. Et il avait une alliée dans ce combat : c'était la mort. « Le mal a des rapports intimes avec la mort et c'est avec l'espoir de pénétrer les secrets de la mort que je me penche avec tant de ferveur sur les secrets du mal. »

Dès son premier poème, *Le Condamné à mort*, Genet s'était mis au service de la mort à qui il s'adresse en ces termes :

> *Et fort de cette force ô reine je serai*
> *Le ministre secret de ton théâtre d'ombres.*

La mort et ses séides, le désir, la violence, la transgression et le crime ne cessent jamais d'être à l'œuvre dans le théâtre de Genet. Ce théâtre n'est rien d'autre qu'un rituel funèbre qui se réclame de trois sources : un cérémonial à la façon du théâtre d'Extrême-Orient ; un sacrifice dans le genre de la messe, mais où le pain et le vin auraient été remplacés par « ces humeurs bouleversantes, le sang, le sperme et les larmes » ; un jeu, très sérieux et très grave comme les jeux des enfants. Alchimiste de l'inversion, artiste de la profanation, Genet transmue en « vertus théologales » les « vices » de la société répressive et il célèbre de l'intérieur cet envers du monde où règnent les voleurs, les traîtres, les travestis, les réprouvés, les prostitués et les assassins. « Sans doute, écrit-il, l'une des fonctions de l'art est-elle de substituer à la foi religieuse l'efficace de la beauté. Au moins cette beauté doit-elle avoir la puissance d'un poème, c'est-à-dire d'un crime. » Dans ses *Lettres à Roger Blin sur « Les Paravents »*, Genet définit avec clarté ce cérémonial rigoureux du désir, du crime, de la transgression et de la mort qu'est pour lui le théâtre : « Si nous opposons la vie à la scène, c'est que nous pressentons que la scène est un lieu voisin de la mort, où toutes les libertés sont possibles. »

Depuis ce qu'il appelait, d'un mot très éloquent, le *Tavernacle*, « où de beaux garçons louches se métamorphosent quelquefois en princesses à traîne », jusqu'à la scène où il fait évoluer ses assassins et ses prostituées, l'œuvre de Genet tout entière, prose, romans, poésie, théâtre, est un immense jeu de rôles servi par un style d'une magnificence précieuse et triviale. Pour reprendre le titre de son film, qui est un hymne à l'homosexualité, c'est un chant d'amour – et de mort.

« Jean Genet, écrit François Bott, est enterré à Larache, non loin de Tanger. C'est sa nouvelle adresse. Auparavant, il n'en avait aucune, sauf les éditions Gallimard. Le petit cimetière où réside maintenant cet homme qui n'avait pas de domicile fixe voisine avec la prison municipale et une maison de rendez-vous. » La littérature de langue française appartient aux marginaux, aux prostituées, aux voleurs, aux assassins, comme elle appartient aussi aux ducs et pairs, aux cardinaux, aux ambassadeurs, aux propriétaires fonciers, aux fils de notaires et de pharmaciens.

Biographie

19 décembre 1910. Naissance de Jean Genet à Paris.

28 juillet 1911. Camille Genet abandonne son fils Jean à l'hospice des Enfants-Assistés.

1919. Mort de Camille Genet de la grippe espagnole.

30 juillet 1911. Jean Genet est placé chez les Régnier à Alligny-en-Morvan. Charles Régnier est menuisier, Eugénie tient un tabac.

Septembre 1916. Entre à l'école communale. Y est un excellent élève. Ses camarades se nomment Louis Cullaffroy, Lefranc ou Querelle... Commence à chaparder et à voler de l'argent à ses parents nourriciers.

Avril 1922. Mort d'Eugénie Régnier. Il est pris en charge par Berthe, la fille de cette dernière.

Juin 1923. Certificat d'études avec mention.

Octobre 1924. Apprend la typographie dans un centre d'apprentissage en région parisienne. Il s'enfuit du centre.

Avril 1925. Placé chez René de Buxeuil, compositeur aveugle et auteur de chansons populaires. Y apprend la versification.

Octobre 1925. Renvoyé pour vol dans une fête foraine. Suit un traitement de neuropsychiatrie à Sainte-Anne. Fait une fugue.

Mars 1926. Incarcéré trois mois à la Petite-Roquette.

Juillet 1926. De nouveau arrêté pour fugue et incarcéré quarante-cinq jours à Meaux.

2 septembre 1926. Confié à la colonie agricole pénitentiaire de Mettray pour deux ans et demi. Y fait ses premières expériences homosexuelles.

1929. S'engage dans l'armée.

28 janvier 1930. Embarque pour Beyrouth et rejoint sa compagnie à Damas.

Juin 1931. Nouvel engagement. Il est affecté au Maroc.

Juin 1933. Retour à la vie civile. Rend visite à André Gide à Paris. Entreprend un grand voyage qui s'arrête en Espagne où il vit de prostitution et de mendicité.

Avril 1934. Nouvel engagement dans l'armée. Il est affecté à Toul. Il lit beaucoup.

Octobre 1935. Se réengage et se voit affecté à Aix-en-Provence au régiment d'infanterie coloniale du Maroc.

18 juin 1936. Déserte et erre à travers l'Europe pendant un an. Sous le nom de Gejietti, il passe en Italie, s'embarque pour l'Albanie d'où il est expulsé. Pénètre en Yougoslavie où il est arrêté et emprisonné. Reconduit à la frontière italienne, il va à Palerme. Emprisonné, il est expulsé vers l'Autriche. À Vienne, il est arrêté et expulsé. À la fin de 1936, il arrive à Brno en Tchécoslovaquie. Arrêté, il demande l'asile politique. Il est alors protégé par la Ligue des droits de l'homme. Il donne des cours de français à Anne Bloch, fille d'un médecin juif allemand. Elle sera son seul amour de femme.

Mai 1937. *Passe en Pologne à Katowice, où il est emprisonné. Il continue ensuite vers l'Allemagne, s'arrête en Belgique et retourne à Paris.*

16 septembre 1937. *Arrêté pour le vol de douze mouchoirs à la Samaritaine : un mois de prison avec sursis. Trois jours plus tard il est arrêté, on trouve sur lui un revolver et des documents historiques volés : cinq mois de prison. On découvre qu'il a déserté. Jugé déséquilibré, instable et amoral par les psychiatres, il est réformé.*

Mai 1938. *Il est libéré.*

Octobre 1938. *Arrêté pour le vol de quatre bouteilles d'alcool : deux mois de prison.*

Mai 1939. *Arrêté dans un train avec de faux billets : un mois et cinq jours de prison. Libéré en juin.*

Octobre 1939. *Arrêté aux Magasins du Louvre pour vol de chemise : deux mois de prison.*

17 décembre 1939. *Libéré puis arrêté deux semaines plus tard : dix mois de prison.*

Décembre 1940. *Flagrant délit de vol de livres à la librairie Gibert : quatre mois de prison.*

Décembre 1941. *Poursuivi par un tailleur pour le vol d'un coupon, il est attrapé par un libraire à qui il avait volé les œuvres de Proust : trois mois de prison.*

1942. *À la Santé, Jean Genet commence à écrire.*

Mars 1942. *Tient une caisse de bouquiniste sur les quais de la Seine.*

Avril 1942. *Arrêté pour vol de livres : huit mois à Fresnes.*

Octobre 1942. *Sort de prison. Se lie avec François Sentein.*

Février 1943. *Rencontre Jean Cocteau.*

1ᵉʳ mars 1943. *Signe un contrat avec Paul Morihien.*

Mai 1943. *Arrêté pour le vol d'une édition rare de Verlaine. Cocteau confie sa défense à un ténor du barreau : trois mois de prison.*

24 septembre 1943. *Libéré et aussitôt repris pour vol de livres : quatre mois d'emprisonnement.*

Décembre 1943. *Marc Barbezat, éditeur lyonnais, lui rend visite en prison.*

Janvier 1944. *Transféré, comme vagabond, au camp des Tourelles. Cocteau remue ciel et terre pour le faire libérer.*

14 mars 1944. *Sort de prison.*

Mai 1944. *Rencontre Sartre au* Flore.

19 août 1944. *Jean Decarni, résistant communiste qu'il aime, est tué lors de la libération de Paris.*

19 avril 1947. *Création de* Les Bonnes *par Louis Jouvet à l'Athénée.*

Juillet 1947. *Reçoit le prix de la Pléiade pour* Haute Surveillance *et* Les Bonnes.

31 mai 1948. *Les ballets Roland Petit créent* À dame Miroir *(décors de Delvaux, costumes de Léonor Fini, musique de Darius Milhaud).*

1948. L'Enfant criminel, *texte radiophonique, est interdit d'antenne. Albert Skira sort clandestinement* Journal du voleur. *Vit avec Java.*

Février 1949. *Création de* Haute Surveillance *aux Mathurins.*

12 août 1949. *Obtient la grâce pour les peines qu'il lui reste à purger.*

1950. *Tourne* Un chant d'amour, *court-métrage.*

1952. Saint Genet, comédien et martyr *de Sartre lui assure la reconnaissance et la célébrité dans le monde entier : il est déstabilisé.*

Août 1954. Fragments... *paraît dans* Les Temps modernes.

1955. *Année consacrée à l'écriture de textes pour le théâtre :* Le Balcon, Les Nègres, Les Paravents *qu'il récrira plusieurs fois dans les années suivantes. Vit une grande passion avec Abdallah, jeune acrobate. Fréquente Alberto Giacometti.*

1957. *Création de* Le Balcon *par Peter Zadeck à Londres : Genet estime que sa pièce est « assassinée ».*

Fin 1957. *Avec Abdallah, déserteur, voyage en Hollande, en Suède, en Corse, en Turquie, en Grèce.*

1959. *Abdallah, funambule, fait une première chute.*

Octobre 1959. *Roger Blin crée* Les Nègres *au théâtre de Lutèce.*

Mars 1960. *Abdallah fait une deuxième chute : c'en est fini du funambulisme.*

Mai 1960. *Création de* Le Balcon *par Peter Brook au Gymnase.*

Septembre 1960. *Refuse de signer le « Manifeste des 121 ».*

Juin 1963. *Jacky Maglia, beau-fils de son ex-compagnon Lucien Sénémand, gagne le Grand Prix automobile de Chimay. Genet l'accompagne sur les circuits.*

12 mars 1964. *Abdallah se suicide. Genet annonce à ses amis, Monique Lange et Juan Goytisolo, qu'il abandonne la littérature.*

1965. *Jacky Maglia est victime d'un grave accident sur le circuit de Stuttgart.*

16 avril 1966. *Création de* Les Paravents *à l'Odéon par Roger Blin.*

Mars 1967. *Bernard Frechtman, son agent, se suicide.*

Mai 1967. *Retrouvé sans connaissance dans un hôtel de Domodossola : il a absorbé une forte dose de somnifères.*

22 décembre 1967. *Entreprend un long voyage en Extrême-Orient : Japon, Inde.*

Mai 1968. *Revient à Paris au moment de la révolte étudiante.*

Été 1968. *Voyage aux États-Unis où il manifeste contre la guerre du Viêtnam.*

Novembre 1969. *Voyage au Japon.*

Mars-mai 1970. Partage la vie du mouvement des Panthères noires aux États-Unis.

Juillet 1970. Au Brésil, écrit un texte important sur les Noirs américains. Prend la défense d'Angela Davis.

20 octobre 1970. Voyage en Jordanie : il y reste six mois.

Novembre 1970. Rencontre Yasser Arafat.

1971. À Paris, demande à des écrivains de réaliser un ouvrage collectif sur George Jackson, et sur les Palestiniens.

Novembre 1972. Expulsé de Jordanie.

1974. Se déclare contre la candidature de Valéry Giscard d'Estaing aux présidentielles. Rencontre Mohamed El Katrani, son dernier compagnon, au Maroc.

1976-1978. Travaille au scénario de La Nuit venue qu'il doit tourner avec Ghislain Uhry. Il renonce au tournage au dernier moment.

Septembre 1977. « Violence et brutalité » dans Le Monde : texte de préface à un recueil des membres de la Fraction Armée rouge. Grande polémique.

Mai 1979. Découvre qu'il a un cancer de la gorge.

Mars 1982. Commence à s'installer au Maroc.

11 septembre 1982. Retourne au Moyen-Orient avec Layla Shahid, une amie palestinienne.

16-17 septembre 1982. Massacres dans les camps palestiniens de Sabra et Chatila.

19 septembre 1982. Entre dans le camp ravagé de Chatila.

Janvier 1983. La Revue d'études palestiniennes *publie* « Quatre Heures à Chatila ».

Décembre 1982. Querelle *de Fassbinder est présenté au Festival de Venise.*

Juillet 1983. S'attèle à son dernier livre, Un captif amoureux.

Décembre 1983. Reçoit le Grand Prix national des lettres : un jeune Noir vient le recevoir pour lui.

Juillet 1984. Dernier voyage en Jordanie.

Novembre 1985. Achève Un captif amoureux *dont il remet le manuscrit à Laurent Boyer, son éditeur chez Gallimard et son exécuteur testamentaire.*

Mars 1986. Au Maroc pour revoir Azzedine, le fils de Mohamed.

15 avril 1986. Mort de Jean Genet à Paris. Il est enterré à Larache, au Maroc.

Œuvres

Extrait choisi

Georges Querelle est un jeune marin à la beauté un peu inquiétante et à la personnalité insaisissable. Il apparaît comme un être amoral totalement libre, insoumis, dont on apprend que, outre le trafic d'opium et les petits larcins, il se transforme de temps en temps en assassin. Véritable métamorphose qui monte lentement en lui, inexorable, laissant entrevoir un autre Querelle.

✑ Querelle de Brest

L'ASSASSIN SE REDRESSA. IL ÉTAIT L'OBJET D'UN MONDE OÙ LE danger n'existe pas – puisque l'on est objet. Bel objet immobile et sombre dans les cavités duquel, le vide étant sonore, Querelle l'entendit déferler en bruissant, s'échapper de lui, l'entourer et le protéger. Mort, peut-être, mais encore chaud. Vic n'était pas un mort, mais un jeune homme que cet objet étonnant, sonore et vide, à la bouche obscure, entr'ouverte, aux yeux creux, sévères, aux cheveux, aux vêtements de pierre, aux genoux couverts peut-être d'une toison épaisse et bouclée comme une barbe assyrienne, que cet objet aux doigts irréels, enveloppé de brume, venait de tuer. La délicate baleine en quoi Querelle s'était réduit, restait accrochée à la branche épineuse d'un acacia. Anxieuse elle attendait. L'assassin renifla deux fois très vite, comme font les boxeurs, et il fit ses lèvres remuer où doucement Querelle vint se poser, se couler dans la bouche, monter aux yeux, descendre aux doigts, emplir l'objet. Querelle tourna la tête, légèrement, sans bouger le buste. Il n'entendit rien. Il se baissa pour arracher une poignée de gazon et nettoyer son couteau. Il crut fouler des fraises dans de la crème fraîche et s'y enfoncer. S'appuyant sur soi-même, il se redressa, jeta la poignée d'herbe sanglante sur le mort et, se baissant une seconde fois, pour ramasser son paquet d'opium, il reprit seul sa marche sous les arbres. Affirmer seulement que le criminel au moment qu'il commet son crime croit n'être jamais pris est faux. Sans doute refuse-t-il de distinguer avec précision la suite effroyable pour lui de son acte cependant qu'il sait que cet acte le condamne à mort. Le mot analyse nous gêne un peu. C'est par un autre procédé qu'il nous serait possible de découvrir le mécanisme de cette autocondamnation. Nous appellerons Querelle un joyeux suicidé moral. Incapable en effet de savoir s'il sera ou non arrêté, le criminel vit dans une inquiétude qu'il ne peut abolir que par la négation de son acte, c'est-à-dire son expiation. C'est-à-dire encore sa propre condamnation (car il semble bien que ce soit l'impossibilité d'avouer les meurtres qui provoque la panique, l'effroi métaphysique ou religieux, chez le criminel). Au fond d'un fossé, au pied du rempart, Querelle était debout, adossé à un arbre, isolé par le brouillard et par la nuit. Il avait remis le couteau dans sa poche. Devant lui, à la hauteur de la ceinture, il tenait ainsi son béret : à plat, des deux mains, le pompon contre son ventre. Il ne souriait pas. Maintenant il comparaissait devant la cour d'Assises qu'il se composait après chaque meurtre. Le crime commis, Querelle avait senti sur son épaule peser la main d'un idéal policier, et des bords du cadavre jusqu'à cet endroit isolé il marcha, toujours avec lourdeur, écrasé par le sort étonnant qui sera le sien. Ayant fait une centaine de mètres, il quitta le petit chemin pour s'enfoncer sous les arbres, parmi les ronces, au bas d'un talus, dans ce fossé de remparts qui entourent la ville. Du coupable arrêté, il avait le regard apeuré, la démarche pesante, mais en soi-même pourtant la certitude – qui le liait honteusement et amicalement au policier – d'être un héros. Le terrain était en pente, couvert de buissons d'épines.

Jean GENET, *Querelle de Brest*
© Éditions Gallimard, 1981

Cioran
(1911-1995)

Toute l'allégresse du désespoir

Nous devons beaucoup aux Roumains. Ils ne nous ont pas seulement fourni avec générosité en actrices ou en sculpteurs : un Brancusi, une Elvire Popesco, à l'accent inoubliable dans les chefs-d'œuvre de Robert de Flers et d'Arman de Caillavet qu'appréciait tellement Jankélévitch – *L'Habit vert* ou *Le Roi*. Ils nous ont donné aussi quelques-uns des meilleurs artisans de notre langue qu'ils connaissaient mieux que nous et qu'ils aimaient autant que nous : Mme de Noailles, née Brancovan ; tous les Bibesco, si chers à Marcel Proust ; dans un genre assez différent, Tristan Tzara, le fondateur de Dada ; Panaït Istrati, un romancier de l'aventure, auteur de *Kyra Kyralina* ; et surtout les trois amis qu'on voit ensemble sur des photographies et qui illustrent avec éclat la littérature française d'après la Deuxième Guerre mondiale : Mircea Eliade, romancier, mythologue, historien des religions ; Eugène Ionesco, être lunaire et exquis qui bouleverse, avec Beckett, le théâtre contemporain et dont *La Cantatrice chauve* ou *Les Chaises* n'ont jamais cessé d'être à l'affiche quelque part pendant un quart de siècle ; et puis Cioran, qui s'appelait Cioranescu et dont le prénom, Émile, s'est perdu en cours de route, comme celui d'Ionesco.

Cioran détestait les discours, les éloges, l'enthousiasme et les bons sentiments. Il ne comprenait pas comment « le risque d'avoir un biographe n'a jamais dissuadé personne d'avoir une vie ». Mais quoi ! Après Breton, après Foucault, nous savons tous désormais que la fin de toute révolte est la célébration. « Nous sommes tous des farceurs : nous survivons à nos problèmes. » Sur ce mystique inversé, sur cet apôtre du néant, « désillusionniste, maître du dégoût, professeur de suicide, chevalier du taste-rien » pour Yann Queffélec, « styliste zen, dandy du vide » selon Jean-Paul Enthoven, jetons donc nos lauriers inutiles et très vains.

Né à Rasinari, en Transylvanie, Émile Cioranescu était le fils d'un pope. Il jouait au football dans le cimetière avec les crânes des morts et lisait Dostoïevski. Le chagrin de vivre, qui ne le lâchera plus, ne met pas très longtemps à passer sa gueule de requin ; à vingt-deux ans, il publie en Roumanie et en roumain, sous la réprobation de son père, un livre au titre très éloquent : *Sur les cimes du désespoir*.

Il s'installe à Paris en 1937 et, au lendemain de la guerre, il écrit, dans un français d'étranger, « dans un style de métèque qui veut mieux faire que les autochtones », c'est-à-dire dans le français le plus pur et le plus ferme, son *Précis de décomposition*. « Le français m'a apaisé comme la camisole de force apaise le fou. » Cioran parle encore notre langue avec un fort accent, mais le seul accent, dans son livre, est celui du désespoir. Il ne s'en débarrassera jamais et il ne cessera de chanter, ouvrage après ouvrage, la litanie du regret d'être entré dans la vie : *La Tentation d'exister*, *La Chute dans le temps*, *De l'inconvénient d'être né*, *Aveux et Anathèmes*.

Le désenchantement ne réclame pas de longues tartines. Ce que le chagrin fait de mieux, c'est de se murer dans son silence. Cioran coupe en deux la poire du désespoir. Il ne se répand pas, à la façon de Rolla ou de Childe Harold, en lamentations lyriques, il ne se tait pas non plus tout à fait : il procède par coups de semonce, par éclats mesurés, par proverbes plus noirs que ceux de Blake ou de Pierce qui se réclamait pourtant du diable, par aphorismes et apophtegmes. Dans l'illustre lignée qui va de Job sur son fumier à Beckett dans ses poubelles, en passant par Alceste et par Schopenhauer, par Kafka et par Chestov, il se situe quelque part entre l'Ecclésiaste et Vauvenargues. Quand il se laisse aller à l'abondance – les Roumains sont des Latins –, le bavardage menace et il faut bien avouer que toute longueur est un risque. Quand il resserre sa fureur dans les bornes établies par les moralistes français, de La Bruyère à Chamfort ou à Rivarol, l'effet est foudroyant : « Chacun s'accroche comme il peut à sa mauvaise étoile » ou : « J'ai connu

toutes les formes de déchéance, y compris le succès » ou :
« Seule l'idée du suicide pourrait nous aider à supporter la
vie » ou : « Depuis deux mille ans, Jésus se venge sur nous
de n'être pas mort sur un canapé. »

Le moins qu'on puisse dire est que le fils du pope avait
perdu la foi : « Sans Dieu, tout est néant ; et Dieu ? néant
suprême. » Il poursuivait les dieux, tous les dieux, d'une
vindicte inlassable : « Tant qu'il restera un seul dieu
debout, la tâche de l'homme ne sera pas finie. » Le monde
est invivable parce qu'il a été conçu par des incapables :
« La Création fut le premier acte de sabotage. » Une entreprise aussi mal partie ne pouvait mener qu'à un enchaî-
nement de catastrophes dont Cioran est le comptable
minutieux et ironique : « Ces enfants dont je n'ai pas voulu,
s'ils savaient le bonheur qu'ils me doivent ! » Sa tâche ici-
bas est de couper à la racine toute espérance dans ce monde
et dans l'autre. L'ennemi de l'existence et de l'humanisme
a une belle définition de la vie qui est le « kitsch de la
matière ». Il pourrait, malgré leur naïveté, nourrir un faible
apitoyé pour les mystiques, pour les saints, peut-être surtout pour les sages bouddhistes. Il trouve aussitôt la parade :
« Ils sont heureux, je leur reproche de l'être. » Désespéré
incurable, amateur de désastre, Cioran est notre préposé à
l'abîme, à l'échec et au néant.

Le noir prophète transylvain, le misanthrope des Carpates
était, dans le privé, l'enjouement même, et la gaieté. Il était
un compagnon délicieux. « Je suis, disait-il de lui-même,
un Sahara rongé de voluptés, un sarcophage de roses. »
Il riait beaucoup, et d'abord de lui-même. Le sarcophage de
roses s'amusait comme un fou de cette maudite existence.
Quand son nom a commencé à voler sur toutes les lèvres
des dîners parisiens, je lui ai dit : « C'est ennuyeux pour
vous : comment vous arranger de cette gloire et de cette
fortune en train de tomber sur vous ? — Ah ! me répondit-
il, oui, c'est bien fâcheux. Heureusement, j'ai un ulcère. »

Cioran, malheureusement, avait autre chose qu'un ulcère.
La maladie d'Alzheimer s'est emparée de lui et lui a ôté les
moyens de se plaindre de la vie au moment même où, enfin,
il avait le droit de s'en plaindre. François Nourissier m'a
raconté une visite qu'il avait rendue au désespéré vers

l'extrême fin de sa vie et où Cioran, ne sachant plus quoi faire d'un bouquet de violettes qu'on lui avait offert, s'était mis à le manger.

On pourrait avancer trois interprétations différentes du désespoir de Cioran.

La première est littéraire : le refus de cette vie que nous n'avons pas réclamée et qui reste à jamais une énigme est le plus classique des exercices de style. Prenons les choses à la légère – et peut-être un peu trop à la légère : la gaieté, en littérature, ne mène pas très loin. Labiche, Courteline, Feydeau, Flers et Caillavet, déjà nommés, Achard, et même Pagnol, qui sont si amusants et qui ont tant de talent, ont du mal à décrocher leur diplôme d'écrivain et leur licence d'entrée dans les histoires officielles de la littérature. Le chagrin se porte mieux. Le désenchantement fait mouche. Le désespoir vous classe un homme. Il faut cultiver son dégoût. Il y a un filon qui court d'Empédocle – qui se jette dans l'Etna pour devenir immortel – à Kafka en passant par Pascal et par Dostoïevski et où se ramassent à la pelle les pépites du génie. Le rire, c'est très bien : on applaudit ; les larmes, c'est encore mieux : on se tait.

Avec le rire ou le sourire, on fabrique les mots enchanteurs de Tristan Bernard ou de Sacha Guitry. Ce n'est pas de rire, mais de larmes, qu'est faite la formule sublime de Thérèse d'Avila qui ouvre sur bien d'autres horizons : « Que de larmes seront versées sur des prières exaucées ! » Cioran était certainement d'un tempérament mélancolique. Le monde lui était une douleur. Il en a rajouté en lisant les classiques et surtout les moralistes de la fin du XVIIIe. Cioran est un Pascal sans Dieu qui a de l'esprit comme les quatre : La Bruyère, Vauvenargues, Rivarol et Chamfort.

La deuxième interprétation est médicale : Cioran souffrait d'insomnie. La lutte contre l'insomnie est pire que la lutte contre l'ange et elle déchaîne des humeurs noires. À trois heures du matin, la nuit est plutôt sombre pour ceux qui ne dorment pas, et le monde est hanté des spectres de l'échec, de la faillite, de l'abandon, de la déréliction. À trois heures du matin, la nuit de l'insomniaque sort de *L'Enfer* de Dante et les sorcières de *Macbeth* tiennent leur sabbat dans votre tête. Tous les anathèmes de Cioran peuvent apparaître comme des fragments, des copeaux, des échardes d'une épopée de l'insomnie.

La troisième interprétation relève de la politique. Cioran, dans sa jeunesse, a été assez proche du nihilisme d'extrême droite. Dans les années de la montée du fascisme en Europe, la garde de fer du *Conducator* Corneliu Codreanu en a été l'image roumaine. L'effondrement de l'idéal funeste de ses années d'adolescence et sa désillusion ont pu accentuer chez Cioran le sentiment, évidemment inné, d'une universelle vanité, de la faillite de la Providence et de la chute inéluctable de toute construction historique : « L'Histoire ? chance offerte aux hommes pour se discréditer à tour de rôle. » De quoi se nourrirait « le fanatisme du pire » sinon d'échecs et de honte ?

Rien de plus roboratif que la lecture de ce manuel des désespérés qu'est l'œuvre de Cioran. Il devrait être remboursé par la Sécurité sociale. Revers de fortune ? Chagrin d'amour ? Malaise existentiel ? Quelques pages de Cioran sur la tristesse d'être né, sur l'inutilité de l'existence, sur l'échec sans appel de toute vie, et hop ! vous vous sentez déjà mieux. Et il n'est pas impossible qu'à dose homéopathique quelques lignes de cette passion de l'indifférence, quelques gouttes de ce compendium de désastre suffisent à vous remettre d'aplomb. C'est le miracle du style.

Peut-être mieux que tout autre, Cioran apporte la preuve que la littérature consiste à soumettre ce qu'on dit à la manière de le dire. Les auteurs ne manquent pas qui vous racontent des choses drôles, ou qui voudraient être drôles, de façon si pitoyable que les larmes vous viennent aux yeux. Non pas des larmes de rire, mais des larmes de pitié. Cioran, lui, vous invite à vous passer une corde au cou ou à aller vous jeter dans la rivière la plus proche, et vous sautez de bonheur. C'est que ses mots sont mis dans un ordre si simple, et pourtant si savant que toutes les étoiles du ciel s'en réjouissent avec vous. C'est ce qu'on appelle le style, et, pour des raisons mystérieuses qui nous échappent à jamais, le fils du pope n'en manque pas. Mort, il fait danser des mots que, de sa bouche de vivant, il prononçait avec peine. Il y a de quoi baiser les pieds de cette divine Providence à laquelle il ne croyait pas.

Biographie

8 avril 1911. Naissance d'Emil Michel Cioran à Raşinari en Transylvanie. Il a une sœur, Virginia.

1914. Naissance d'Aureliu, son frère.

1921. En pension au lycée Gheorgh-Lazar à Sibiu.

1924. Son père étant nommé protopape, toute la famille s'installe à Sibiu. Cioran perd le sommeil.

1925. Lit Mihaïl Eminescu, Diderot, Balzac, Tagore, Dostoïevski, Schopenhauer, Nietzsche...

1928. S'inscrit à la faculté de lettres de Bucarest en philosophie.

1928-1932. Étudie la philosophie germanique mais aussi Bergson, Chestov et Kierkegaard. Subit l'influence de Nae Ionesco, professeur de métaphysique, qui prône les valeurs spécifiquement roumaines contre la bolchévisation.

1932. Collabore à de nombreuses revues : Calendarul, Azi, Gaudirea...

23 juin 1932. Licence de philosophie avec les félicitations du jury.

Fin 1933. Bourse de la Fondation Humboldt pour étudier la philosophie à Berlin. Correspondant du Temps, *hebdomadaire d'extrême droite. Y découvre les expressionnistes dont Kokoschka. Prône des idées fascistes.*

1934. Obtient le prix de l'Académie royale pour les jeunes auteurs avec Sur les cimes du désespoir.

1936. Revient en Roumanie. Il enseigne la philosophie au lycée de Brasov. Prépare une thèse sur Bergson.

1937. Traverse une crise religieuse. Boursier de l'Institut français de Bucarest. Emménage à Paris.

1940-1944. Bréviaire des vaincus *est le dernier livre qu'il écrit en roumain. Il ne sera publié qu'en 1993. Choisit définitivement la langue française.*

1945. Fait le tour des régions françaises à bicyclette.

1947. S'installe définitivement à Paris avec Simone Boué.

1948. Son frère, Aurel, est arrêté et condamné à sept ans de prison.

1950. Reçoit le prix Rivarol. Fréquente Adamov, Gabriel Marcel, Ionesco, Eliade, Boulez, Barraqué et le salon de Suzanne Tézenas du Montcel.

1953. Cioran est traduit en Allemagne.

1957. Le prix Sainte-Beuve lui est attribué : il le refuse.

1967. Premier essai sur Cioran par Susan Sontag.

1968. Est traduit aux États-Unis.

1974. Censure du Mauvais Démiurge *en Espagne.*

1977. Reçoit le prix Roger-Nimier pour l'ensemble de son œuvre : il le refuse.

1985. En Grèce où il donne une conférence. Voyage dans le Péloponnèse et à Corfou.

1987. Cioran cesse d'écrire après Aveux et Anathèmes.

17 avril 1988. La presse renvoie en écho la rumeur du suicide de Cioran !

1991. Atteint de la maladie d'Alzheimer, il est hospitalisé.

21 juin 1995. Mort d'Emil Cioran à Paris.

Œuvres

Extraits choisis

De l'inconvénient d'être né, comme la plupart des écrits d'Emil Cioran, nous est donné sous forme d'aphorismes et traite du tourment de la naissance. L'existence est vue comme un exil et la naissance comme la vraie catastrophe survenue chez l'homme. Cioran exprime toutefois cette sombre vision de la condition humaine à travers l'humour et l'ironie.

De l'inconvénient d'être né

À REGARDER LES CHOSES SELON LA NATURE, L'HOMME A ÉTÉ fait pour vivre tourné vers l'extérieur. S'il veut voir en lui-même, il lui faut fermer les yeux, renoncer à entreprendre, sortir du courant. Ce qu'on appelle « vie intérieure » est un phénomène tardif qui n'a été possible que par un ralentissement de nos activités vitales, « l'âme » n'ayant pu émerger ni s'épanouir qu'aux dépens du bon fonctionnement des organes.

★

La moindre variation atmosphérique remet en cause mes projets, je n'ose dire mes convictions. Cette forme de dépendance, la plus humiliante qui soit, ne laisse pas de m'abattre, en même temps qu'elle dissipe le peu d'illusions qui me restaient sur mes possibilités d'être libre, et sur la liberté tout court. À quoi bon se rengorger si on est à la merci de l'Humide et du Sec ? On souhaiterait esclavage moins lamentable, et des dieux d'un autre acabit.

★

Dans les écrits bouddhiques, il est souvent question de « l'abîme de la naissance ». Elle est bien un abîme, un gouffre, où l'on ne tombe pas, d'où au contraire l'on émerge, au plus grand dam de chacun.

★

Si la mort est aussi horrible qu'on le prétend, comment se fait-il qu'au bout d'un certain temps nous estimons *heureux* n'importe quel être, ami ou ennemi, qui a cessé de vivre ?

★

« Il faut être ivre ou fou, disait Sieyès, pour bien parler dans les langues connues. »

Il faut être ivre ou fou, ajouterai-je, pour oser encore se servir de mots, de n'importe quel mot.

★

La connaissance de soi, la plus amère de toutes, est aussi celle que l'on cultive le moins : à quoi bon se surprendre du matin au soir en flagrant délit d'illusion, remonter sans pitié à la racine de chaque acte, et perdre cause après cause devant son propre tribunal ?

★

Le grand tort de la nature est de n'avoir pas su se borner à un seul règne. À côté du végétal, tout paraît inopportun, mal venu. Le soleil aurait dû bouder à l'avènement du premier insecte, et déménager à l'irruption du chimpanzé.

★

Un ouvrage est fini quand on ne peut plus l'améliorer, bien qu'on le sache insuffisant et incomplet. On en est tellement excédé, qu'on n'a plus le courage d'y ajouter une seule virgule, fût-elle indispensable. Ce qui décide du degré d'achèvement d'une œuvre, ce n'est nullement une exigence d'art ou de vérité, c'est la fatigue et, plus encore, le dégoût.

★

En permettant l'homme, la nature a commis beaucoup plus qu'une erreur de calcul : un attentat contre elle-même.

Emil CIORAN, *De l'inconvénient d'être né*
© Éditions Gallimard, 1989

Caillois

(1913-1978)

Diagonales et cohérences
sur l'échiquier de l'univers

Presque chaque jour, pendant près d'un quart de siècle, j'ai travaillé avec Caillois. Il avait été, paraît-il, et il restait dans le souvenir de beaucoup – de Jacqueline de Romilly, par exemple, qui avait fait avec lui, dans leur commune adolescence, une croisière inoubliable en Grèce, ou de Victoria Ocampo, une Argentine que sa beauté et son intelligence avaient hissée jusqu'à la légende – un jeune normalien mince, ascétique, séduisant et très sombre. Je ne l'ai jamais connu que sous les espèces d'une sorte de Bouddha qui aimait le bon vin et le foie gras. Il avait fondé une revue qui s'appelait *Diogène*, et il m'avait pris pour assistant. Il était bienveillant, ironique, déroutant, d'une intelligence aiguë, et plutôt mystérieux. Je le voyais tous les jours et je ne savais pas grand-chose d'un passé consacré aux mythes et au sacré et qui me paraissait relever lui-même du sacré et du mythe.

Il avait subi l'influence de personnages brumeux qui s'appelaient René Daumal ou Roger Gilbert-Lecomte et qui avaient été, avec Roger Vailland, à l'origine d'un mouvement dont j'ignorais presque tout et qui me fascinait : *Le Grand Jeu*. Il avait fondé avec Georges Bataille et Michel Leiris le fameux et obscur Collège de sociologie à l'ombre duquel rôdait, selon les murmures des initiés, le spectre de sacrifices humains. Il avait été familier du surréalisme et il m'a raconté lui-même la célèbre querelle qui l'avait opposé à André Breton au café Cyrano. Un membre du groupe avait rapporté du Mexique des haricots sauteurs et les surréalistes contemplaient avec émerveillement ces acrobates d'une nature mystérieuse. Le mystère fascinait Caillois, mais il le voulait en pleine lumière. Quand il murmura, à l'horreur de tous les spectateurs : « Si on les ouvrait pour voir ce qu'il y a dedans ? », il était clair que la rupture était déjà consommée entre Caillois et Breton.

Il avait écrit des ouvrages que les jeunes gens d'hier dévoraient : *Le Mythe et l'Homme, L'Homme et le Sacré*. Ceux d'aujourd'hui connaissent à peine son nom. C'est que cet auteur d'un *Ponce Pilate* qui imagine une histoire du monde où la crucifixion du Christ aurait été évitée n'était ni romancier, ni philosophe, ni poète, ni dramaturge. Aucun film n'a été tiré de ses œuvres. Il était un grammairien attiré par la Chine, un minéralogiste penché sur les papillons et les masques. Il est impossible de le ranger sous quelque étiquette que ce soit. C'est un écrivain éclaté.

Rien n'éclaire mieux sa pensée si diverse et si difficile à saisir que l'hommage qui lui a été rendu à l'Unesco en 1991 par Octavio Paz, disparu en 1998, et qui a été publié par *Le Monde* : « Prodigieuse est la variété des disciplines et des thèmes qu'il a explorés : le mythe et le roman, le sacré et le profane, la guerre et le jeu, le mimétisme et le sacrifice, la minéralogie et l'acoustique, le classicisme français et le conte fantastique, le marxisme et les rêves [...] mais aussi l'histoire et ses ruptures, le oui et le non, le côté droit et le côté gauche de l'univers. Explorations de civilisations et d'univers différents : les primitifs et les Chinois de la dynastie Han, les guerres fratricides entre les fourmis et entre les clans du Japon médiéval, l'archéologie des songes et l'impalpable peuple de reflets qui va par les galeries d'un morceau de quartz. [...] Toutes ces constructions, ces spéculations et ces démonstrations ne font que rechercher les relations secrètes qui unissent les phénomènes étudiés à d'autres très éloignés, et qui, presque toujours, appartiennent à d'autres sphères. [...] Dans l'extrême diversité des sujets, Caillois se propose de découvrir l'unité du monde. »

La citation est un peu longue. Elle rend hommage à deux hommes que j'ai admirés et aimés : celui qui fait l'éloge et celui à qui il est adressé. La démarche de Caillois n'était pas linéaire. Elle s'organisait plutôt sur les cases d'un échiquier. Elle fonctionnait à coups d'échos, de résonances, de diagonales, de savoirs pris en écharpe, de ce qu'il appelait lui-même des « cohérences aventureuses ». Sous l'apparent éparpillement, il y avait une grande rigueur de la pensée de Caillois. Selon une belle formule de Jacqueline de Romilly, « il avait lié partie avec l'exception pour lui arracher de nouvelles règles ». Expression théorique de ses recherches éparses, *Diogène* était une revue des sciences diagonales. L'idéal, pour elle, était un psychanalyste qui parlerait d'économie politique ou l'article d'un linguiste sur une découverte récente en archéologie classique. Dans un monde unique et fini, après tant de travaux menés chacun dans son coin, le temps d'un savoir réconcilié avec lui-même dans la diversité et la correspondance était enfin venu.

Fasciné par l'obscur et par le secret, l'ancien surréaliste était passé avec armes et bagages du côté de la raison. Il jetait de la lumière sur les apparences du mystère. « J'ai caché ma maîtrise, disait-il de lui-même. Je n'ai pas simulé l'enthousiasme, la démence, la possession par les esprits supérieurs ou inférieurs. [...] Mais, travaillant dans l'obscur, j'ai cherché la clarté. » On peut comprendre qu'il ait eu un faible pour la poésie de Saint-John Perse et pour le roman policier. Il menait une enquête sur l'univers, il éclairait ses coins d'ombre et il le jalonnait. Il le concevait comme un vaste et rigoureux système de reflets et d'échos qu'il s'agissait d'ordonner, un peu à la façon de Mendeleïev qui avait établi une classification périodique des éléments chimiques. Débusquant les similitudes et les analogies, traquant les homologies, imposant les grilles de la nomenclature et les exigences du classement exhaustif à toutes les catégories du flou, du fantastique et du mystérieux – Georges Dumézil, qui avait été son maître, reconnaissait n'avoir pu prendre en défaut sa classification des jeux, établie à la manière d'un tableau des éléments ou des formes grammaticales –, contrôleur et des mots et de l'indicible, ordonnateur des règnes, Caillois jetait pêle-mêle sur le monde qu'il explorait et balisait, sur l'absence de raison aussi bien que sur la raison, son filet implacable de récurrences dérobées, de sciences diagonales et de secrètes liaisons. Qu'il s'agît des rêves ou des fulgores porte-lanterne, de la symétrie ou du mimétisme, de la mante religieuse ou de la dissymétrie, de la ville ou des jeux, des lois apparaissaient sur l'échiquier du monde. Elles étaient immuables et elles commandaient un monde en perpétuel changement. Caillois citait souvent un vers de Ronsard :

La matière demeure et la forme se perd.

Il pensait que Ronsard avait tort : c'est la matière qui s'évapore et le modèle qui persiste. Ce qui permettait, à mi-chemin de la syntaxe et de l'esthétique, l'instauration d'une sorte de combinatoire généralisée, d'une classification universelle fondée sur un réseau d'analogies et capable de s'appliquer aussi bien aux phénomènes matériels qu'aux œuvres de l'imagination.

Inspiré par Montesquieu et par la littérature fantastique, familier de la zoologie et des contes populaires, Caillois était un esprit universel qui avait tout lu et tout compris. Il n'avait pas seulement écrit des livres d'une diversité et d'une unité étonnantes, il n'avait pas seulement fondé la revue *Diogène*, il avait aussi dirigé, chez Gallimard, la collection « La Croix du Sud » qui fit connaître en France un grand nombre d'écrivains de l'Amérique latine – et au premier rang d'entre eux Jorge Luis Borges.

À la fin de sa vie, une dernière mutation était intervenue. Le surréaliste était devenu rationaliste : le rationaliste se changea en un mystique athée. Il abandonna le tourbillon des idées qui l'avait tant attiré pour la sagesse muette des pierres. Comme Jorge Luis Borges, il avait toujours préféré l'univers minéral aux exubérances des miroirs, des enfants, des romans et de la végétation. Son pessimisme ironique le rejeta vers les pierres où il lisait les reflets et les signes de quelque chose d'apaisé et de plus durable que les œuvres passagères et condamnées des hommes.

De René Julliard, l'éditeur, à Raymond Aron, de Kléber Haedens à Emmanuel Berl, l'auteur de *Sylvia* et de *Mort de la pensée bourgeoise*, il y a un petit nombre d'hommes et de femmes à qui je dois beaucoup. Caillois se range parmi eux. Il m'a appris à la fois la distance et la rigueur. Ou il a essayé de me les apprendre. Je crois qu'il pensait que la vie était assez inutile et que les pierres suffisaient. Mais puisque nous étions engagés dans l'aventure de la vie, il s'agissait de dominer le réseau de formes récurrentes qui la constitue. C'était la tâche du style. Caillois est un des stylistes les plus accomplis de ce siècle qui s'achève. Plus peut-être que par son système des cohérences aventureuses, plus peut-être que par le silence imposé par les pierres, c'est par le style qu'il survit dans le souvenir de quelques-uns.

Biographie

3 mars 1913. *Naissance de Roger Caillois à Reims.*

1932. *Rencontre André Breton.*

1932-1935. *Adhère au groupe surréaliste et participe à ses activités.*

1933. *Intègre l'École normale supérieure.*

1936. *Agrégation de grammaire. Diplômé de l'École pratique des hautes études. Fonde la revue, éphémère,* Inquisitions, *avec Aragon, Tzara et Monnerot.*

1937. *Enseigne au lycée de Beauvais.*

1938. *Fonde le Collège de sociologie avec Georges Bataille et Michel Leiris.*

1940. *Invité à Buenos Aires par Victoria Ocampo pour une série de conférences. À la déclaration de la guerre, décide de rester en Amérique latine.*

1940-1945. *Passe les années de guerre en Amérique du Sud. Fonde un Institut français à Buenos Aires. Traduit Porchia, Neruda, Borges... Lance la revue* Les Lettres françaises.

Août 1945. *Revient en France.*

1948. *Chargé par l'Unesco de la direction des lettres et du développement culturel.*

1951. *Fonde et dirige la collection « La Croix du Sud » chez Gallimard.*

1952. *Fonde la revue* Diogène *dont il est le rédacteur en chef.*

1967. *Dirige le volume « Jeux et sports » de l'Encyclopédie de la Pléiade.*

1971. *Élu à l'Académie française.*

1972. *Réception à l'Académie française. Les* Archives du XXe siècle *de Jean-José Marchand lui sont consacrées.*

21 décembre 1978. *Mort de Roger Caillois à Paris.*

Œuvres

Extrait choisi

Texte fondateur de toute l'œuvre de Caillois, Le Mythe et l'Homme *annonce les développements à venir. Le chapitre consacré à la mante religieuse et aux différents mythes attachés à cet insecte était paru séparément un an plus tôt. Il permet à Caillois de montrer que toute fabulation humaine s'appuie sur le réel. Pour l'auteur, l'imagination s'enracine dans des conditionnements biologiques. Le fantastique, le mythe sont un prolongement de la nature.*

✎ Le Mythe et l'Homme

IL SUFFIT DE RÉSUMER LA DIALECTIQUE DE LA RECHERCHE POUR EN apercevoir la signification : les mantes sont peut-être les insectes qui impressionnent le plus la sensibilité humaine ; leurs mœurs nuptiales correspondent à une appréhension fort commune chez l'homme et capable de solliciter éminemment son imagination. *Ici une conduite, là, une mythologie.* Il serait puéril de prétendre que les hommes, ayant soigneusement observé les mantes en entomologistes méticuleux, ont été frappés par leurs mœurs au point de les transformer en phantasmes et en croyances religieuses. Tous les psychiatres et tous les mythologues savent qu'il faut tout autre chose pour former un délire ou un mythe, pour en être la raison suffisante. Il n'est besoin que d'une remarque beaucoup moins coûteuse : les hommes et les insectes font partie de la même nature. À quelque degré, les mêmes lois les régissent. La biologie comparée a prise sur les uns et les autres. Leurs conduites respectives peuvent s'expliquer mutuellement. Certes, il y a des différences considérables, mais elles aussi, quand on en tient compte, doivent aider à préciser les solutions. L'homme et l'insecte, en effet, se situent à des extrémités divergentes, mais également évoluées, du développement biologique. L'instinct, par conséquent l'automatisme, domine l'existence de l'insecte ; l'intelligence, la possibilité d'examiner, de juger, de refuser, en gros, tout ce qui rend plus lâches les rapports entre la représentation et l'action, caractérise celle de l'homme. Dès lors, on saisit mieux comment et en quel sens peut correspondre au comportement des mantes un thème mythologique qui occupe, trouble, exalte, attire l'imagination de l'homme sans contraindre absolument sa conduite. M. Bergson paraît avoir été amené à des résultats analogues en étudiant *a priori* l'origine de la fonction fabulatrice. Pour lui, celle-ci tient la place qu'occupent les instincts chez les insectes, la fiction n'est possible que pour les êtres intelligents : les actions sont préformées, dit-il, dans la nature de l'insecte, la fonction seulement l'est chez l'homme. La fiction d'ailleurs, chez ce dernier, « quand elle a de l'efficace, est comme une hallucination naissante ». Les images fantastiques surgissent à la place de l'acte déclenché. « Elles jouent un rôle qui *aurait pu* être dévolu à l'instinct et qui le serait sans doute chez un être dépourvu d'intelligence. » D'un côté, instinct réel, de l'autre, instinct virtuel, dit M. Bergson pour différencier la condition de l'insecte agissant et celle de l'homme mythologisant. L'étude présente semble apporter la confirmation des faits à ses vues théoriques : la mante se présente comme une sorte d'idéogramme objectif réalisant matériellement dans le monde extérieur les virtualités les plus tendancieuses de l'affectivité. Il n'y a pas de quoi s'étonner : du comportement de l'insecte à la conscience de l'homme, dans cet univers homogène, le chemin est continu. La mante dévore son mâle pendant le coït, l'homme imagine que des créatures féminines le dévoreront après l'avoir attiré dans leurs bras. Il y a la différence de l'acte à la représentation, mais la même orientation biologique organise le parallélisme et détermine la convergence. Enfin la généralité du thème chez l'homme n'est pas plus surprenante, car il faut bien attendre que la grande similitude de structure organique et de développement biologique de tous les hommes, jointe à l'identité des conditions extérieures de leur vie psychique, ait des répercussions considérables dans leur monde psychique, tende à y établir un minimum de réactions semblables, et engendre par conséquent chez tous, les mêmes tendances affectives et conflits passionnels primordiaux, comme aussi bien l'identité des mécanismes de la sensation entraîne dans une mesure très sensiblement équivalente celle des formes *a priori* de la perception et de la représentation.

La mante, par ses seules mœurs nuptiales, possède donc déjà des titres suffisants pour expliquer l'intérêt qu'on lui porte, l'émotion qu'elle suscite communément. Mais ce ne sont pas les seuls. Elle se présente de plus, avertit M. Léon Binet, comme « une machine aux rouages perfectionnés, capable de fonctionner automatiquement ». Voici de nouveau rejoint le thème de la *Giftmädchen*, principalement sous l'aspect qu'il prend dans le mythe de Pandore, automate fabriqué par le dieu forgeron pour la perte des hommes, pour que ceux-ci « entourent d'amour leur propre malheur ». On rejoint également les Krytà indiennes, ces poupées animées par les sorciers pour causer la mort de ceux qui les étreindront. La littérature connaît, elle aussi, au chapitre des femmes fatales, la conception d'une femme-machine, artificielle, mécanique, sans commune mesure avec les créatures vivantes, et surtout meurtrière. La psychanalyse n'hésiterait pas, sans doute, à faire dériver cette représentation d'une façon particulière d'envisager les rapports de la mort et de la sexualité, et, plus précisément, d'un pressentiment ambivalent de trouver l'une dans l'autre.

Roger CAILLOIS, *Le Mythe et l'Homme*
© Éditions Gallimard, 1987

Camus

(1913-1960)

Portrait de Bogart en humaniste

Albert Camus est né à Mondovi, en Algérie, d'un ouvrier agricole tué à la guerre de 14 et d'une mère illettrée, d'origine espagnole, qui ne savait pas écrire et qui avait du mal à s'exprimer. La pauvreté entoure son enfance. Il reçoit le Nobel à quarante-quatre ans, connaît une gloire universelle et meurt à quarante-sept ans dans un accident d'automobile.

Il aimait le soleil, le football, le théâtre, les femmes et la philosophie. Il écrit : « La misère m'empêcha de croire que tout est bien sous le soleil et dans l'histoire ; le soleil m'apprit que l'histoire n'est pas tout. » Il ressemblait à Bogart et cultivera cette ressemblance dans un imperméable. La tuberculose l'empêche de passer l'agrégation de philosophie et lui insuffle en même temps un formidable appétit de vivre et la passion de ce monde. Deux hommes auront sur sa jeunesse une influence prépondérante : un mort, Frédéric Nietzsche ; un vivant, Jean Grenier, professeur de philosophie, qui avait écrit *Les Îles* et qui unissait le goût du monde à la dérision de l'existence.

En 1935, Camus adhère au parti communiste. Il le quitte en 1937. En 1939, il publie un beau livre, écrasé de soleil et baigné par la mer : *Noces*. « Noces à Tipassa », « Le vent de Djemila », « L'été à Alger » et « Le Désert » constituent les quatre parties de ce poème en prose et chantent « les noces de l'homme et de la terre [...] en termes de soleil et de mer ». Derrière la splendeur du monde et des plages sous le soleil s'exprime déjà une morale : « Pour moi, devant ce monde, je ne veux pas mentir ni qu'on me mente. » Un lyrisme puissant et moderne sort des pages de ce livre qui a servi de bréviaire à beaucoup de jeunes gens.

Philosophe lyrique, Camus est aussi un homme de théâtre et un journaliste. Il adapte Eschyle, Dostoïevski, Malraux. Au lendemain de la guerre, il dirige *Combat*, avec Pascal Pia. Le journalisme de la Libération est dominé par trois figures qui ont occupé une grande place dans les débats de l'époque et qui ont hissé l'actualité à des hauteurs inhabituelles : Mauriac au *Figaro*, le polémiste communiste Pierre Hervé, aujourd'hui oublié, dans *Action*, et Camus à *Combat*. Mais l'essentiel est ailleurs. En 1942, paraissent coup sur coup deux livres qui enflamment les jeunes lecteurs : *L'Étranger*, roman, et *Le Mythe de Sisyphe*, essai. L'un est la version romanesque de l'autre : « Si tu veux être philosophe, écris des romans. »

Il est convenu de voir dans ces deux ouvrages l'acte de naissance de la philosophie de l'absurde qui s'articule et se combine à l'existentialisme – et se distingue pourtant de lui. Les rapports entre Sartre et Camus, d'abord confiants et cordiaux – « l'admirable conjonction d'une personne et d'une œuvre », écrit Sartre de Camus – ne cesseront de se déglinguer, de brouille en brouille, jusqu'à l'hostilité la plus franche.

La question qui se pose à Camus est de savoir si la vie vaut la peine d'être vécue. « Le seul problème philosophique vraiment sérieux, écrit-il au début du *Mythe de Sisyphe*, c'est le suicide. » Entre le monde et l'homme se creuse un fossé : « L'absurde est essentiellement un divorce. » Meursault, dans *L'Étranger*, est l'illustration de ce divorce. Il apprend sans émotion la mort de sa mère. Il retrouve une amie, Marie, et se baigne avec elle. Sur la plage, une bagarre éclate entre deux Arabes et les amis de Meursault. Pour l'empêcher de s'en servir, Meursault prend le revolver d'un de ses amis. Il s'en servira lui-même, dans une sorte d'hébétude et d'absence, pour tuer un des Arabes. « C'est alors que tout a vacillé. La mer a charrié un souffle épais et ardent. Il m'a semblé que le ciel s'ouvrait sur toute son étendue pour laisser pleuvoir le feu. [...] J'ai compris que j'avais détruit l'équilibre du jour, le silence exceptionnel d'une plage où j'avais été heureux. Alors, j'ai tiré encore quatre fois. [...] Et c'était comme quatre coups brefs que je frappais sur la porte du malheur. » Meursault est condamné à mort après un réquisitoire où le procureur l'accuse d'avoir été « insensible » à la mort de sa mère et de n'avoir « rien d'humain ».

Le Malentendu et Caligula traduisent au théâtre ce même sentiment d'absurde, proche de la schizophrénie, qui le cédera peu à peu, dans les années suivantes, à un humanisme de la révolte, illustré par La Peste et par L'Homme révolté avant de s'exprimer sur la scène dans l'État de siège et dans Les Justes.

La Peste connaît un immense succès. Les personnages de Tarrou, l'intellectuel lucide, puis révolté, du père Paneloux, le religieux, de Grand, « héros insignifiant et effacé qui n'avait pour lui qu'un peu de bonté de cœur » et surtout du docteur Rieux, adversaire de la peste, porte-parole de l'auteur, deviennent vite populaires. Le moralisme, pourtant, la noblesse des idées, la volonté de défendre une thèse et de faire passer des réflexions sur la vie, la mort, la condition humaine ont quelque chose de laborieux et de pesant. Il y avait de quoi provoquer l'ironie de Sartre, autrement méchant et doué, qui prétendait que Camus traitait du bien et du mal comme s'il s'agissait de microbes. On a pu dire avec cruauté que Camus était un auteur pour certificat d'études et que ses livres étaient composés de morceaux de bravoure trop bien écrits et voués d'avance au triste sort des dictées. Camus est un écrivain menacé par l'humanisme. C'est un Duhamel de gauche qui aurait fait de la boxe. Après La Chute, livre allégorique et déconcertant, Le Premier Homme, publié trente-cinq ans après la mort de l'auteur, n'échappe pas à la veine de la littérature édifiante.

Il est l'auteur de formules un peu boursouflées et banales, qui vieillissent plutôt mal : « Il n'y a pas d'amour de vivre sans désespoir de vivre », et d'autres qu'on lit encore avec un pincement au cœur : « La vraie générosité envers l'avenir consiste à tout donner au présent. » Il laisse l'image d'un homme intègre, sympathique et tragique. Son destin semble illustrer l'absurde dont il s'était fait le héraut. Il avait acheté une maison à Lourmarin, dans le Luberon. Il devait se rendre à Paris par le train. Mais un membre de la famille Gallimard et sa femme, avec qui il était lié, vinrent le prendre en voiture. À Villeblevin, près de Montereau, pour une raison inconnue, l'auto sortit de la route. Camus fut tué sur le coup. On trouva dans la voiture le manuscrit inachevé du *Premier Homme*, auquel il travaillait avec peine. Et, dans sa poche, un billet de chemin de fer.

Biographie

7 *novembre* 1913. *Naissance d'Albert Camus à Mondovi. Il a un frère aîné, Lucien.*

14 *octobre* 1914. *Mort de son père blessé durant la bataille de la Marne. La famille retourne vivre à Alger.*

1918. *À l'école communale. Son instituteur, Louis Germain, l'aide beaucoup pour qu'il obtienne une bourse.*

1923. *Boursier au lycée Bugeaud.*

1926. *Lit Gide, Malraux et Montherlant.*

1930. *Premiers signes de tuberculose. Quitte la maison de sa mère pour s'installer chez son oncle boucher, Gustave Acault.*

1932. *En lettres supérieures avec André Belamich et Claude de Fréminville. Ses professeurs sont Jean Grenier et Paul Mathieu. Donne quatre articles à la revue* Sud.

1933. *Adhère et milite au Mouvement antifasciste Amsterdam-Pleyel de Henri Barbusse et de Romain Rolland. Lit* Les Îles *de Jean Grenier qui l'influencent fortement.*

16 *juin* 1934. *Épouse Simone Hié.*

1935. *Adhère au parti communiste. Malraux fait une conférence à Alger à l'occasion d'une représentation du* Temps du mépris. *Études de philosophie à la faculté d'Alger.*

***Juin* 1936.** *Se sépare de Simone Hié. Voyage en Europe centrale. Prend en charge la Maison de la culture et le Théâtre du travail.*

1936-1937. *Acteur dans la troupe théâtrale de Radio-Alger.*

1937. *Journaliste pour* Alger républicain *de Pascal Pia. Exclu du parti communiste. Nommé au collège de Sidi Bel-Abbès, ne se présente pas aux cours.*

***Mai* 1937.** *Signe un manifeste favorable au projet Blum-Viollette. Ne peut se présenter à l'agrégation à cause de sa santé.*

***Août-septembre* 1937.** *Se repose à Embrun puis visite Florence.*

1937. *Le Théâtre de l'Équipe remplace le Théâtre du travail.*

1939. *Fonde la revue* Rivages *avec Audisio et Roblès. Tente de s'engager à la déclaration de la guerre, en vain.*

1940. *Quitte l'Algérie. Entre à* Paris-Soir *comme secrétaire de rédaction.*

10 *mai* 1940. *Repli sur Clermont avec la rédaction de* Paris-Soir.

***Octobre* 1940.** *S'installe à Lyon.*

3 *décembre* 1940. *Épouse Francine Faure.*

***Janvier* 1941.** *De retour à Oran comme enseignant.*

***Décembre* 1941.** *Parution de* Combat *clandestin.*

1941-1942. *Crises d'hémoptysie. Doit se reposer.*

1942. *Entre dans la Résistance : y fait du renseignement et du journalisme.*

8 novembre 1942. Surpris par le Débarquement, il ne peut rejoindre l'Algérie et sa femme avant la Libération.

1943. Joue le rôle de Garcin dans Huis clos. Publie dans la Revue libre *la première* Lettre à un ami allemand. Devient lecteur chez Gallimard. Deuxième rencontre avec Aragon. Premier contact de Camus (pseudonyme Bauchard) avec Combat.

1944. Rencontre Sartre. Deuxième Lettre à un ami allemand.

24 août 1944. Premier numéro de Combat *diffusé au grand jour.*

8 mai 1945. Apprend l'armistice avec André Gide.

5 septembre 1945. Naissance de Jean et de Catherine Camus.

1945. Caligula *est joué au théâtre Hébertot par Gérard Philipe : vif succès.*

1946. Voyage aux États-Unis. Découvre l'œuvre de Simone Weil. Se lie avec René Char. Reçoit la médaille de la Résistance.

Octobre 1946. Entretiens avec Sartre, Malraux, Koestler, Sperber.

1947. Dislocation de l'équipe de Combat. Rompt avec Merleau-Ponty.

Été 1947. Séjour vers Lourmarin.

1948. Voyage en Algérie.

Été 1948. À Lourmarin.

Mars 1949. Appel pour les communistes grecs condamnés à mort.

Juin-août 1949. En Amérique du Sud. Son état de santé s'aggrave.

Décembre 1949. Création des Justes *par Serge Reggiani et Maria Casarès.*

1950. Année de grand repos.

Décembre 1950. Nouvel appel pour les communistes grecs condamnés à mort.

Octobre 1951. Début d'une longue année de polémique à la suite de L'Homme révolté.

1952. Rupture avec Sartre. Adapte Les Possédés. Commence Le Premier Homme.

Novembre 1952. Démissionne de l'Unesco à l'entrée de l'Espagne franquiste.

Juin 1953. Assure la mise en scène de La Dévotion à la croix *et des* Esprits *au festival d'Angers.*

Novembre 1954. Voyage en Italie.

Mars 1955. Adapte Un cas intéressant *de Buzzati.*

Mai 1955. Voyage en Grèce.

Juin 1955. Début de sa collaboration à L'Express.

23 janvier 1956. À Alger. Lance un appel à la trêve.

6 février 1956. Cesse sa collaboration à L'Express.

Juin 1957. Adapte Le Chevalier d'Olmedo *de Lope de Vega pour le festival d'Angers.*

17 octobre 1957. Le prix Nobel de littérature lui est attribué.

1958. *Sa santé se détériore.*

Novembre 1958. *Acquiert une maison à Lourmarin.*

30 janvier 1959. *Première des* Possédés *qu'il a adaptés et mis en scène.*

4 janvier 1960. *Mort d'Albert Camus dans un accident de voiture avec Michel Gallimard.*

Œuvres

1936. Révolte dans les Asturies *(œuvre collective)*

1937. L'Envers et l'Endroit *(textes écrits entre 1935-1936)*
La Mort heureuse

1939. Noces *(textes écrits de 1936 à 1937)*

1942. L'Étranger
Le Mythe de Sisyphe

1944. Caligula *(théâtre)*
Le Malentendu *(théâtre)*

1945. Lettres à un ami allemand

1946. Ni victimes ni bourreaux

1947. La Peste
Prométhée aux enfers
Les Archives de la peste
Poèmes *de Maragall (traduction)*

1948. L'État de siège

1949. Les Justes

1950. Actuelles I *(chroniques 1944-1948)*
Le Minotaure ou la Halte d'Oran

1951. L'Homme révolté

1952. La Dernière Fleur *de Thurber James (traduction)*

1953. Actuelles II *(chroniques 1948-1953)*
Les Esprits *de Pierre Larivey (adaptation)*
La Dévotion à la croix *de Pedro Calderón de la Barca (adaptation)*

1954. L'Été *(textes écrits de 1939 à 1953)*

1955. Un cas intéressant *de Dino Buzzati (adaptation)*

1956. La Chute *(récit)*
Requiem pour une nonne *de W. Faulkner (adaptation et mise en scène)*

1957. L'Exil et le Royaume *(nouvelles)*
L'État de siège *(théâtre)*
« *Réflexions sur la guillotine* » *in* Réflexions sur la peine capitale *de Camus et Koestler (essai)*
La Mort heureuse *(inachevé)*
La chevalier d'Olmedo *de Lope de Vega (adaptation et mise en scène)*

1958. Discours de Suède

L'Envers et l'Endroit *(nouvelle édition)*
Actuelles III *(chroniques algériennes 1939-1958)*
1959. Les Possédés *de Dostoïevski (adaptation et mise en scène)*
1994. Le Premier Homme *(posthume)*

Extrait choisi

Oran, 1940. Le docteur Bernard Rieux trouve un rat mort sur son palier. Premier signe d'une épidémie de peste qui va isoler la ville. Les cadavres humains vont se multiplier au même rythme que les cadavres de rats. Pour le docteur Rieux, le plus urgent consiste à soigner la population touchée. Pour le père jésuite Paneloux, la peste tire son origine du péché des hommes, c'est un châtiment de Dieu. Un jour, la tentative pour sauver un garçonnet grâce à un nouveau sérum échoue. Le père Paneloux se met alors à prier pour l'enfant innocent tandis que Rieux, retenu par le jésuite, essaie de quitter l'école-hôpital.

La Peste

DANS LE MÊME MOUVEMENT EMPORTÉ, RIEUX SE RETOURNA et lui jeta avec violence :

— Ah ! celui-là, au moins, était innocent, vous le savez bien !

Puis il se détourna et, franchissant les portes de la salle avant Paneloux, il gagna le fond de la cour d'école. Il s'assit sur un banc, entre les petits arbres poudreux, et essuya la sueur qui lui coulait déjà dans les yeux. Il avait envie de crier encore pour dénouer enfin le nœud violent qui lui broyait le cœur. La chaleur tombait lentement entre les branches des ficus. Le ciel bleu du matin se couvrait rapidement d'une taie blanchâtre qui rendait l'air plus étouffant. Rieux se laissa aller sur son banc. Il regardait les branches, le ciel, retrouvant lentement sa respiration, ravalant peu à peu sa fatigue.

— Pourquoi m'avoir parlé avec cette colère ? dit une voix derrière lui. Pour moi aussi, ce spectacle était insupportable.

Rieux se retourna vers Paneloux :

— C'est vrai, dit-il. Pardonnez-moi. Mais la fatigue est une folie. Et il y a des heures dans cette ville où je ne sens plus que ma révolte.

— Je comprends, murmura Paneloux. Cela est révoltant parce que cela passe notre mesure. Mais peut-être devons-nous aimer ce que nous ne pouvons pas comprendre.

Rieux se redressa d'un seul coup. Il regardait Paneloux, avec toute la force et la passion dont il était capable, et secouait la tête.

— Non, mon père, dit-il. Je me fais une autre idée de l'amour. Et je refuserai jusqu'à la mort d'aimer cette création où des enfants sont torturés.

Sur le visage de Paneloux, une ombre bouleversée passa.

— Ah ! docteur, fit-il avec tristesse, je viens de comprendre ce qu'on appelle la grâce.

Mais Rieux s'était laissé aller de nouveau sur son banc. Du fond de sa fatigue revenue, il répondit avec plus de douceur :

— C'est ce que je n'ai pas, je le sais. Mais je ne veux pas discuter cela avec vous. Nous travaillons ensemble pour quelque chose qui nous réunit au-delà des blasphèmes et des prières. Cela seul est important.

Paneloux s'assit près de Rieux. Il avait l'air ému.

— Oui, dit-il, oui, vous aussi vous travaillez pour le salut de l'homme.

Rieux essayait de sourire.

— Le salut de l'homme est un trop grand mot pour moi. Je ne vais pas si loin. C'est sa santé qui m'intéresse, sa santé d'abord.

Paneloux hésita.

— Docteur, dit-il.

Mais il s'arrêta. Sur son front aussi la sueur commençait à ruisseler. Il murmura : « Au revoir » et ses yeux brillaient quand il se leva. Il allait partir quand Rieux, qui réfléchissait, se leva aussi et fit un pas vers lui.

— Pardonnez-moi encore, dit-il. Cet éclat ne se renouvellera plus.

Paneloux tendit sa main et dit avec tristesse :

— Et pourtant je ne vous ai pas convaincu !

— Qu'est-ce que cela fait ? dit Rieux. Ce que je hais, c'est la mort et le mal, vous le savez bien. Et que vous le vouliez ou non, nous sommes ensemble pour les souffrir et les combattre.

Rieux retenait la main de Paneloux.

— Vous voyez, dit-il en évitant de le regarder, Dieu lui-même ne peut maintenant nous séparer.

Albert CAMUS, *La Peste*
© Éditions Gallimard, 1947

Perec
(1936-1982)

Le jeu du plein et du vide

L'ordre alphabétique nous installait souvent aux côtés l'un de l'autre. Avec une barbe qui n'en était pas une et des cheveux d'inventeur dans un film fantastique, il avait une drôle d'allure. Son nom vient de *peretz*, qui en hébreu signifie « trou ». Il y a du vide, chez Perec, de la disparition, de l'absence. Et une présence impressionnante.

Il appartenait à une famille de Juifs polonais qui avait choisi la France. Il a quatre ans quand son père se fait tuer à la guerre. Il en a sept quand sa mère est déportée en Allemagne, d'où elle ne reviendra pas. La première expérience de Georges Perec est l'extermination.

Peut-être pour lutter, en haussant les épaules, contre cette invasion du vide, le premier ouvrage publié de Georges Perec est un roman du trop-plein : *Les Choses*. Trois ans avant Mai 68, *Les Choses*, qui connaît aussitôt un succès considérable, est, sur un ton détaché, le chant ironique d'une société de consommation qu'il est le premier à dénoncer. On dirait que Perec, qui a poursuivi, comme tout le monde à l'époque, des études un peu vacillantes de psychologie et de sociologie, s'efforce de combler sous une avalanche dérisoire de produits d'entretien et d'ustensiles ménagers plus désirables et plus inutiles les uns que les autres le vide qui s'est fait autour de lui.

Le vide ne va pas tarder à revenir en force. Après *Quel petit vélo au guidon chromé au fond de la cour ?* au titre insolite et enchanteur, *Un homme qui dort* marque déjà un retour au détachement du monde. Mais, en contrepoint aux *Choses* qui était le roman de la présence étouffante, c'est *La Disparition* qui sera, par excellence, le roman de l'absence.

Un événement décisif s'est produit dans la vie de Perec qui alliera toujours à une originalité radicale un sens aigu des grands mouvements intellectuels de l'époque : il a noué des liens avec cet Oulipo que nous connaissons déjà – l'ouvroir de littérature potentielle de Queneau, de Jacques Roubaud, de Jean Lescure, de François Le Lionnais[1]. Dans la ligne du *synthoulipisme*, c'est-à-dire de l'oulipisme synthétique ou mis en mouvement – par opposition à l'*anoulipisme*, ou oulipisme analytique, qui se contente d'analyser les œuvres de notre littérature –, c'est-à-dire encore dans l'esprit d'un formalisme qui joue avec les combinaisons du langage et qui essaie d'inventer de nouvelles structures littéraires, *La Disparition* est un roman lipogrammatique. Que signifie le mot *lipogrammatique* ? Il indique que toutes les voyelles de notre alphabet n'ont pas été utilisées et que l'une ou plusieurs d'entre elles ont été laissées de côté. Dans le cas de *La Disparition*, c'est la lettre *e*, la plus courante en français, qui est interdite de séjour. Le lecteur qui ouvre *La Disparition* est d'abord décontenancé. Il a du mal à suivre la succession des aventures qui s'enchaînent. La solution du mystère ne peut pas être donnée par l'intrigue ni par le caractère des personnages : la clé de l'énigme est dans la pure forme de la structure littéraire et dans le jeu avec les éléments du langage.

Les Choses était enraciné dans notre époque par cette sociologie de la profusion qui est si caractéristique de notre temps. *La Disparition* traduit une autre des exigences contemporaines : le formalisme des structures. D'un côté, la société et ses rêves ; de l'autre, le mouvement intellectuel et ses impératifs. Et du côté de la société, c'était l'abondance du désir : le plein ; du côté de l'établissement intellectuel, c'était la sécheresse et le dépouillement des mécanismes : le vide. Perec tenait déjà les deux bouts de la chaîne.

Les deux côtés de l'enquête sociologique et de l'enquête formaliste, le côté du foisonnement social et de la rigueur oulipienne, Perec va les concilier dans une grande œuvre narrative au titre magnifique et qui reste son chef-d'œuvre : *La Vie mode d'emploi.*

---

1. Voir plus haut, pp. 21-23.

La Vie mode d'emploi porte en sous-titre : *Romans*. C'est, dans le monde moderne et dans l'immobilier, une sorte de *Mille et Une Nuits* qui, au lieu de découler l'une de l'autre dans le temps, coexisteraient, dans l'espace, sous la forme d'un échiquier ou, mieux encore, d'un puzzle. C'est l'histoire d'une maison et des destins de ses habitants et des innombrables aventures liées à ces destins.

Arrêtons-nous un instant sur un des personnages, parmi beaucoup d'autres, qui porte le nom de Bartlebooth. Ce nom est bien intéressant parce que c'est un nom-valise fait de la fusion de deux noms de personnages littéraires : Bartleby, le héros de Melville ; Barnabooth, le héros de Larbaud.

Célébré par Giono dans un livre plein de mouvement : *Pour saluer Melville*, auteur du fameux *Moby Dick*, histoire de la baleine blanche poursuivie par le capitaine Achab, Herman Melville avait inventé un personnage qui incarnait l'absence au monde et le refus d'agir : Bartleby. Chaque fois que ses supérieurs ou ses amis ou la pression des événements l'invitaient à une initiative, Bartleby répondait : « Je préférerais ne pas le faire. » Longtemps, moi-même, j'ai souhaité ne rien faire et Bartleby était l'un de mes héros favoris.

Barnabooth, en un sens, est l'inverse de Bartleby. Nous le connaissons déjà : c'est la possession du monde en face de son refus. Il est riche, il court la planète, il écrit des poèmes et des récits de voyages. Il est permis de le dire : c'est le plein contre le vide, c'est la présence contre l'absence.

Autour de Bartlebooth qui combine en lui les pulsions de Bartleby et de Barnabooth, *La Vie mode d'emploi* est le puzzle de la présence et de l'absence. On dirait la version zen d'un roman de Balzac. C'est *La Comédie humaine* revue par l'Oulipo.

L'invention du nouveau et la mémoire du passé sont les deux pôles de Perec. Il cultive sa mémoire personnelle en la liant dans *Je me souviens* à la « communauté du souvenir ». Et *W ou le Souvenir d'enfance* combine mémoire et invention en alternant les chapitres de fiction et d'autobiographie. Perec est à cheval sur son époque, à laquelle, pour conjurer peut-être la disparition des siens, il ne cesse de se rattacher par le souvenir ou par la culture, et sur l'invention d'un avenir auquel il collabore, dans le sérieux, avec une originalité et une drôlerie exceptionnelles.

Par le jeu, par le formalisme, par sa recherche des structures, par sa participation aux mouvements intellectuels de son temps, il est le modernisme même. Par le souvenir, par la culture, par le sens de l'intimité, il se rattache à tout le passé de notre littérature. L'emblème de Caillois était l'échiquier, l'emblème de Perec est le puzzle : il faut mettre ensemble des pièces qui sont données en vrac. Et il y en a toujours une qui fait défaut : le père, la mère, les déportés de la Shoah, la lettre *e*, les origines, les souvenirs évanouis, le passé, le monde lui-même, toujours ailleurs, emporté par le temps — et, en fin de compte, la vie. À force d'être présente, elle finit par être absente. Georges Perec meurt à quarante-six ans. Le vide l'emporte sur le plein. Un autre puzzle commence dont toutes les pièces nous manquent.

Biographie

7 mars 1936. *Naissance de Georges Perec à Paris de parents polonais.*

1938. *Naissance de Jeannine (Irène) sa sœur. Elle meurt après quelques semaines.*

16 juin 1940. *Mort de son père, engagé volontaire.*

1941. *Avec la Croix-Rouge dans l'Isère à Villard-de-Lans.*

1942-1943. *Au collège Turenne. Suit le catéchisme et est baptisé.*

23 janvier 1943. *Sa mère est arrêtée et conduite à Drancy.*

11 février 1943. *Sa mère est déportée à Auschwitz d'où elle ne reviendra pas. De même trois des grands-parents de Perec.*

1945. *Retour à Paris. Adopté par Esther Bienenfeld, la sœur de son père. Élevé avec sa cousine Ela.*

1946. *Au lycée Claude-Bernard puis au collège Geoffroy-Saint-Hilaire à Étampes à partir de 1948.*

1946-1954. *Entame une psychothérapie avec Françoise Dolto.*

11 mai 1947 (?). *Fugue pour aller au marché aux timbres du Carré-Marigny.*

1948. *Interne au collège d'Étampes.*

1949. *Vacances d'été dans de la famille en Angleterre.*

1950-1951. *En classe avec Philippe Guérinat qui devient son ami.*

Mai 1951. *Obtient le brevet.*

Été 1952. *Voyage en Israël.*

Septembre 1952. *Au lycée Claude-Bernard où M. Poirier alias Julien Gracq est professeur d'histoire. Ses nouveaux camarades sont Jean-Jacques Weiss et Serge Klarsfeld.*

1953. *Retourne à Étampes pour sa terminale. Se lie avec le Tunisien Noureddine Mechri et Jacques Lederer. Son professeur de philosophie est Jean Duvignaud.*

1954. *Obtient son baccalauréat. Passe une année en hypokhâgne au lycée Henri-IV.*

Octobre 1955. *S'inscrit en licence d'histoire qu'il abandonne très vite.*

1955. *Première collaboration à la NRF. Rencontre Maurice Nadeau et Henri Lefebvre grâce à Duvignaud.*

1956. *Entre en psychanalyse avec Michel de M'Uzan.*

1er novembre 1956. *Se rend sur la tombe de son père.*

Été 1956. *Travaille au* Bulletin signalétique *du CNRS de Jean Paris. Se lie avec Zarko Vidovic et tombe amoureux de sa compagne, Milka Canak.*

1957. *Employé comme bibliothécaire pour la collection « Roudel ». Traduit des horoscopes de l'anglais. Fréquente le bureau de Maurice Nadeau ; obtient une rubrique de critique littéraire aux* Lettres nouvelles.

1957-1962. *Collabore à la nouvelle revue* Arguments *(avec Edgar*

Morin, Roland Barthes, Jean Duvignaud, François Fejtö, Jacques Delors, Alain Trutat).

23 **mai** 1957. *Dépose un dossier pour recevoir une pension d'orphelin. Dossier qui recevra un sort favorable.*

1957. *Rencontre Dominique Frischer qui le délaisse ensuite pour Roger Kleman.*

Décembre 1957. *Affecté dans un régiment de parachutistes. Il sera stationné à Pau.*

1957-1961. *Écrit ses premiers romans, non publiés* (L'Attentat de Sarajevo, Le Condottiere, J'avance masqué).

1958-1959. *Service militaire chez les parachutistes.*

10 **mai** 1958. *Obtient sa licence de parachutiste.*

21 **novembre** 1958. *Est transféré à Vincennes au ministère de la Guerre.*

22 **mai** 1959. *Signe un contrat avec Gallimard.*

3 **juillet** 1959. *Rejoint son régiment à Pau.*

Décembre 1959. *Rencontre Paulette Petras, étudiante en Sorbonne. Ils s'installent ensemble.*

22 **octobre** 1960. *Épouse Paulette Petras.*

1960-1961. *Séjour en Tunisie.*

1962-1963. *Écrit dans* Partisans.

1963-1964. *Suit les cours de Barthes.*

21 **novembre** 1965. *Obtient le prix Renaudot pour* Les Choses.

1966. *Fait son entrée à l'Oulipo. Est membre du collège de Pataphysique.*

Été 1966. *Instauration des mardis chez les Perec.*

1967. *S'installe au Moulin d'Andé (Eure). Fait des recherches sur ses origines.*

1968. *S'initie au jeu de go avec Jacques Roubaud.*

13 **novembre** 1968. *Sa pièce radiophonique* Die Maschine *est un succès en Allemagne.*

1970. L'Augmentation *représentée à Paris. Rencontre Harry Matthews et Catherine Binet.*

1971-1975. *Psychanalyse avec Pontalis.*

1972-1973. *Collaboration à* Cause commune.

1974. *Coréalise* Un homme qui dort *avec Bernard Queysanne.*

23 **juin** 1975. *Rencontre de nouveau Catherine Binet.*

1976. *Mots croisés pour* Le Point. *Tourne* Les Lieux d'une fugue, *court-métrage.*

1976-1982. *Partage sa vie avec Catherine Binet, cinéaste dont il a produit* Les Jeux de la comtesse Dolingen de Graz.

1978. *Reçoit le prix Médicis pour* La Vie mode d'emploi. *Tourne avec Robert Bober* Récits d'Ellis Island.

1979. *Écrit les dialogues pour le film d'Alain Corneau,* Série noire.

1981. *En Australie pour des interventions dans les universités. Tombe* malade : cancer du poumon. *Voyage en Pologne pour une série de confé-rences et sur les traces de ses ancêtres.*

3 mars 1982. *Mort de Georges Perec. Sa cousine, Ela Bienenfeld, est son exécutrice testamentaire.*

10 septembre 1984. *La plus petite planète découverte en 1982 par un observatoire californien (la planète n° 2817) est nommée « Perec » en hommage à l'auteur de* La Disparition.

Décembre 1990. *David Bellos retrouve le manuscrit jusque-là perdu de* L'Attentat de Sarajevo.

1991. *David Bellos retrouve le manuscrit du* Condottiere.

Œuvres

Extrait choisi

Un immeuble situé au 11 de la rue Simon-Crubellier dans le 17ᵉ arrondissement de Paris. Le narrateur nous fait découvrir les lieux des caves jusqu'aux mansardes. Il détaille, à travers quatre-vingt-dix-neuf chapitres, mille quatre cent soixante-sept personnages et cent sept histoires différentes, tous les objets contenus dans cet immeuble et surtout les êtres y vivant ou y ayant vécu. Parmi cette multitude d'aventures humaines, trois figures se distinguent plus nettement : Gaspard Winckler, faiseur de puzzles ; Serge Valène, qui enseigne la peinture et tente, en outre, de peindre un immeuble sans façade ; enfin Percival Bartlebooth, milliardaire qui a parcouru la planète pour peindre cinq cents marines. Voici le portrait que nous dresse le narrateur de ce personnage, mélange du Bartleby de Herman Melville et du Barnabooth de Valery Larbaud.

La vie mode d'emploi

IMAGINONS UN HOMME DONT LA FORTUNE N'AURAIT D'ÉGALE que l'indifférence à ce que la fortune permet généralement, et dont le désir serait, beaucoup plus orgueilleusement, de saisir, de décrire, d'épuiser, non la totalité du monde – projet que son seul énoncé suffit à ruiner – mais un fragment constitué de celui-ci : face à l'inextricable incohérence du monde, il s'agira alors d'accomplir jusqu'au bout un programme, restreint sans doute, mais entier, intact, irréductible.

Bartlebooth, en d'autres termes, décida un jour que sa vie tout entière serait organisée autour d'un projet unique dont la nécessité arbitraire n'aurait d'autre fin qu'elle-même.

Cette idée lui vint alors qu'il avait vingt ans. Ce fut d'abord une idée vague, une question qui se posait – *que faire ?* –, une réponse qui s'esquissait : *rien*. L'argent, le pouvoir, l'art, les femmes, n'intéressaient pas Bartlebooth. Ni la science, ni même le jeu. Tout au plus les cravates et les chevaux ou, si l'on préfère, imprécise mais palpitante sous ces illustrations futiles (encore que des milliers de personnes ordonnent efficacement leur vie autour de leurs cravates et un nombre bien plus grand encore autour de leurs chevaux du dimanche), une certaine idée de la perfection.

Elle se développa dans les mois, dans les années qui suivirent, s'articulant autour de trois principes directeurs :

Le premier fut d'ordre moral : il ne s'agirait pas d'un exploit ou d'un record, ni d'un pic à gravir, ni d'un fond à atteindre. Ce que ferait Bartlebooth ne serait ni spectaculaire ni héroïque ; ce serait simplement, discrètement, un projet, difficile certes, mais non irréalisable, maîtrisé d'un bout à l'autre et qui, en retour, gouvernerait, dans tous ses détails, la vie de celui qui s'y consacrerait.

Le second fut d'ordre logique : excluant tout recours au hasard, l'entreprise ferait fonctionner le temps et l'espace comme des coordonnées abstraites où viendraient s'inscrire avec une récurrence inéluctable des événements identiques se produisant inexorablement dans leur lieu, à leur date.

Le troisième, enfin, fut d'ordre esthétique : inutile, sa gratuité étant l'unique garantie de sa rigueur, le projet se détruirait lui-même au fur et à mesure qu'il s'accomplirait ; sa perfection serait circulaire : une succession d'événements qui, en s'enchaînant, s'annuleraient : parti de rien, Bartlebooth reviendrait au rien, à travers des transformations précises d'objets finis.

Ainsi s'organisa concrètement un programme que l'on peut énoncer succinctement ainsi :

Pendant dix ans, de 1925 à 1935, Bartlebooth s'initierait à l'art de l'aquarelle.

Pendant vingt ans, de 1935 à 1955, il parcourrait le monde, peignant, à raison d'une aquarelle tous les quinze jours, cinq cents marines de même format (65 × 50, ou raisin) représentant des ports de mer. Chaque fois qu'une de ces marines serait achevée, elle serait envoyée à un artisan spécialisé (Gaspard Winckler) qui la collerait sur une mince plaque de bois et la découperait en un puzzle de sept cent cinquante pièces.

Pendant vingt ans, de 1955 à 1975, Bartlebooth, revenu en France, reconstituerait, dans l'ordre, les puzzles ainsi préparés, à raison, de nouveau, d'un puzzle tous les quinze jours. À mesure que les puzzles seraient réassemblés, les marines seraient « retexturées » de manière à ce qu'on puisse les décoller de leur support, transportées à l'endroit même où – vingt ans auparavant – elles avaient été peintes, et plongées dans une solution détersive d'où ne ressortirait qu'une feuille de papier Whatman, intacte et vierge.

Aucune trace, ainsi, ne resterait de cette opération qui aurait pendant cinquante ans, entièrement mobilisé son auteur.

Georges PEREC, *La Vie mode d'emploi*
© Hachette, 1978

Histoire

1848. Ruée vers l'or en Californie.

1855. Procédé Bessemer de fabrication de l'acier.

1869. Découverte du pétrole.

1874. Création de l'inspection du travail.

1878. Première lampe électrique : lampe Edison.

1881. Jules Ferry : école primaire gratuite.

1882. École primaire obligatoire et laïque (Jules Ferry).

1884. Loi Waldeck-Rousseau autorisant les syndicats.

1892. Loi interdisant le travail des enfants de moins de douze ans.

1895. Création de la CGT.

2 juillet 1901. Loi sur les associations.

1904. Entente cordiale : accord France-Angleterre.

Février 1904. Guerre russo-japonaise.

1905. Création du parti socialiste.

9 décembre 1905. Loi séparant les Églises de l'État.

1906. Création du ministère du Travail.

1er mai 1906. Grève générale.

13 juillet 1906. Loi sur le repos hebdomadaire.

1908. L'Autriche annexe la Bosnie-Herzégovine.

1910. Loi sur les retraites ouvrière et paysanne.

Octobre 1912. Guerre des Balkans.

1913. Le service militaire passe de deux à trois ans.

28 juin 1914. Assassinat à Sarajevo de l'archiduc d'Autriche, François-Ferdinand.

31 juillet 1914. Assassinat de Jean Jaurès.

2 août 1914. Mobilisation générale.

6-13 septembre 1914. Bataille de la Marne.

1915. Génocide arménien en Turquie.

Mai 1915. L'Italie entre en guerre.

21 février 1916. Bataille de Verdun.

2 avril 1917. Entrée en guerre des États-Unis.

16 avril 1917. Attaque française au Chemin des Dames.

15 octobre 1917. Mata-Hari est fusillée pour intelligence avec l'ennemi.

Novembre 1917. Révolution d'Octobre en Russie. Prise du pouvoir par les bolcheviks.

Mars 1918. Percée allemande sur la Somme.

Mai 1918. Percée allemande au Chemin des Dames.

11 novembre 1918. Armistice.

1919. Loi sur les statuts des conventions collectives. Loi limitant la journée de travail à huit heures.

28 juin 1919. Traité de Versailles qualifié de diktat par Hitler. Création de la SDN.

Mai 1920. Grève générale des cheminots.

Décembre 1920. Naissance du parti communiste au Congrès de Tours.

1922. Mussolini prend le pouvoir en Italie. Création officielle de l'URSS.

Janvier 1922. Poincaré président du Conseil.

Janvier 1923. Les troupes françaises occupent la Ruhr.

1924. Succès du Cartel des gauches. Ministère Herriot.

22 janvier 1924. Mort de Lénine.

1925. Chute du cabinet Herriot.

Juillet 1926. Retour de Poincaré à la présidence du Conseil. Crise du franc.

Août 1927. Exécution des anarchistes Sacco et Vanzetti aux États-Unis.

1928. Loi sur les assurances sociales.

25 juin 1928. Stabilisation du franc par Poincaré.

1929. Démission de Poincaré. Krach boursier de Wall Street (New York). Crise économique mondiale.

1930. Création des assurances sociales.

21 septembre 1931. La livre est dévaluée.

11 mars 1932. Loi obligeant les entreprises au système d'allocations familiales.

30 janvier 1933. Arrivée de Hitler au pouvoir. Mise en place des camps de concentration pour les juifs, les homosexuels et les gitans.

6 mars 1933. Le dollar est dévalué par Roosevelt.

12 février 1934. Grève générale.

27 juillet 1934. Pacte entre le PCF et la SFIO.

12 octobre 1934. Violette Nozière est condamnée à mort. Elle sera graciée par le président de la République.

Mars 1935. L'armée allemande se reconstitue.

2 mai 1935. Pacte franco-soviétique.

14 juillet 1935. Manifestation du serment du Front populaire.

Octobre 1935. Début de la guerre d'Éthiopie.

7 mars 1936. Hitler remilitarise la Rhénanie.

Avril-mai 1936. Victoire du Front populaire aux législatives.

Mai-juin 1936. Grève générale.

Juin 1936. Loi sur les congés payés (deux semaines annuelles) et la semaine de quarante heures. Création des conventions collectives et des délégués d'atelier.

18 juillet 1936. Guerre civile espagnole.

1937. Création de la SNCF : nationalisation des chemins de fer.

1938. Émancipation juridique de la femme mariée.

12 mars 1938. Anschluss.

29 septembre 1938. Accords de Munich.

12 novembre 1938. Relèvement des allocations familiales. Politique nataliste.

Novembre 1938. Nuit de cristal organisée par les nazis dans toute l'Allemagne.

Mars 1939. Hitler occupe la Tchécoslovaquie.

2 mars 1939. Élection de Pie XII.

29 juillet 1939. Code de la famille.

23 août 1939. Pacte germano-soviétique.

1er-3 septembre 1939. L'Allemagne envahit la Pologne. La France alliée à l'Angleterre déclare la guerre à l'Allemagne.

26 septembre 1939. Dissolution du parti communiste français.

10 mai 1940. Début de l'offensive allemande.

13 mai 1940. Percée allemande dans les Ardennes.

16 juin 1940. Pétain président du Conseil.

18 juin 1940. Appel du général de Gaulle.

10 juillet 1940. Les deux Chambres donnent les pleins pouvoirs à Pétain à Vichy.

13 août 1940. Dissolution des sociétés secrètes.

3 octobre 1940. Statut des juifs.

24 octobre 1940. Entrevue Hitler-Pétain : début de la collaboration.

22 juin 1941. Invasion allemande du territoire soviétique.

4 octobre 1941. Charte du travail : syndicats uniques.

7 décembre 1941. Attaque de Pearl Harbor.

1942. Mise en application de la solution finale : extermination systématique de la population juive d'Europe par les nazis.

Juillet 1942. Rafle du Vél'-d'hiv'.

18 avril 1942. Laval est nommé chef du gouvernement.

8-11 novembre 1942. Débarquement américain en Afrique du Nord. Zone libre occupée par l'Allemagne.

27 mai 1943. Première réunion du Conseil national de la résistance.

1ᵉʳ février 1944. Création des FFI (Forces françaises de l'intérieur).

6 juin 1944. Débarquement allié en Normandie.

15 août 1944. Débarquement allié dans le golfe de Fréjus.

19 août 1944. Insurrection de Paris.

25 août 1944. Capitulation des Allemands à Paris.

14 décembre 1944. Nationalisation des Charbonnages du Nord-Pas-de-Calais.

1945. Les femmes votent pour la première fois.

16 janvier 1945. Nationalisation des usines Renault.

30 janvier 1945. Libération du camp de concentration d'Auschwitz.

22 février 1945. Création des comités d'entreprise.

30 avril 1945. Suicide de Hitler.

8 mai 1945. Capitulation du IIIᵉ Reich.

Juin 1945. Nationalisation d'Air France.

6 août 1945. Les États-Unis lâchent la bombe atomique sur Hiroshima.

9 août 1945. Largage de la bombe atomique américaine sur Nagasaki.

4 octobre 1945. Création de la Sécurité sociale.

2 décembre 1945. Nationalisation des banques de dépôt.

8 avril 1946. Nationalisation du gaz et de l'électricité.

25 avril 1946. Nationalisation des compagnies d'assurances.

7 mai 1946. Loi accordant aux Africains des colonies et des protectorats français citoyenneté et égalité des droits.

16 janvier 1947. Vincent Auriol, président de la République.

1947. Début de la guerre d'Indochine.

30 janvier 1948. Assassinat de Gandhi.

24 février 1948. Coup de Prague.

24 juin 1948. Blocus de Berlin.

14 mai 1948. Déclaration d'indépendance de l'État d'Israël lue par Ben Gourion.

4 avril 1949. Traité de l'Atlantique Nord.

1ᵉʳ octobre 1949. Création de la République populaire de Chine.

9 mai 1950. Plan Schuman de Communauté européenne du charbon et de l'acier.

25 juin 1950. Guerre de Corée et début de la guerre froide.

18 avril 1951. Communauté européenne du charbon et de l'acier.

1953. Mort de Staline.

7 mai 1954. Chute de Diên Biên Phu. Fin de la guerre d'Indochine.

1ᵉʳ novembre 1954. Début des « événements » d'Algérie.

1955. Troisième semaine de congés payés.

1956. Fonds national de solidarité (minimum vieillesse). Soulèvement de Budapest réprimé par les chars soviétiques.

5-6 novembre 1956. Crise de Suez : expédition.

7 janvier 1957. L'armée reçoit les pleins pouvoirs en Algérie.

25 mars 1957. Traité de Rome : Marché commun et Euratom.

1958. Vᵉ République. De Gaulle prend le pouvoir.

28 septembre 1958. Constitution de la Vᵉ République approuvée par référendum.

28 décembre 1958. Naissance du franc lourd.

31 décembre 1958. Accord patronat et syndicats sur l'assurance chômage.

1959. L'école obligatoire jusqu'à seize ans.

1ᵉʳ janvier 1959. La France entre dans le Marché commun.

24 janvier 1960. Barricades d'Alger.

1960. Indépendance des États africains et de Madagascar.

1961. Construction du mur de Berlin. Début de la guerre du Vietnam.

22-25 avril 1961. Putsch des généraux à Alger. Création de l'OAS.

18 mars 1962. Accords d'Évian approuvés par référendum le 8 avril. Indépendance de l'Algérie.

28 décembre 1962. Quatrième semaine de congés payés.

1963. Assassinat du président Kennedy.

1965. Élection du président de la République au suffrage universel.

13 juillet 1965. Loi sur les régimes matrimoniaux.

1967. Guerre des Six-Jours en Israël.

28 décembre 1967. Loi Neuwirth autorisant la contraception.

1968. Révoltes étudiantes et grèves. Printemps de Prague : invasion de la Tchécoslovaquie par l'Union soviétique. Assassinat de Martin Luther King à Atlanta.

1969. Démission du général de Gaulle. Pompidou est élu président de la République.

1970. Mort du général de Gaulle.

26 juin 1972. Programme commun PC-PS.

1973. Conférence de Paris : retrait des troupes américaines du Vietnam.
Premier choc pétrolier : hausse mondiale du prix du pétrole. Début de la crise économique. Pinochet au pouvoir au Chili.

6 octobre 1973. Début de la guerre de Kippour en Israël.

2 avril 1974. Mort de Georges Pompidou.

Mai 1974. Valéry Giscard d'Estaing président de la République.

1975. Fin de la guerre du Vietnam.

17 janvier 1975. Loi Veil sur l'IVG (interruption volontaire de grossesse).

2 juillet 1975. Loi facilitant le divorce.

23 septembre 1977. Rupture de l'union de la gauche.

1979. Deuxième choc pétrolier. Invasion de l'Afghanistan par l'URSS. République islamique d'Iran.

Mai 1981. François Mitterrand président.

9 octobre 1981. Loi Badinter : abolition de la peine de mort.

1986. Catastrophe nucléaire de Tchernobyl.

Mai 1988. François Mitterrand président pour son second mandat.

1989. Chute du mur de Berlin. Événements de la place Tien-an-men à Pékin. Effondrement du bloc soviétique.

Décembre 1990. Effondrement de l'URSS.

1990. Invasion du Koweït par l'Irak.

1991. Guerre du Golfe. Guerre en ex-Yougoslavie.

1992. Guerre de Bosnie.

1994-1996. Première guerre de Tchétchénie.

1995. Fin de la guerre en ex-Yougoslavie : accords de Dayton.

Mai 1995. Jacques Chirac président.

1999. Guerre du Kosovo : bombardements de l'OTAN.

Littérature, art et société

Mai 1878. Inauguration du Palais du Trocadéro.

Février 1883. Mort de Richard Wagner.

Avril 1883. Mort d'Édouard Manet.

25 mai 1887. Incendie à l'Opéra-Comique : plus de cent morts.

1895. Freud crée la psychanalyse. Style Art Nouveau. Peugeot lance une voiture sur pneumatiques. Découverte des rayons X par Roentgen.

28 décembre 1895. Première séance du cinématographe des frères Lumière à Paris.

1896. Art Nouveau.

1897. André Gide, *Les Nourritures terrestres.*

1898. Pierre et Marie Curie découvrent le radium.

29 juillet 1898. Première liaison télégraphique.

1900. Le métro parisien. Exposition universelle à Paris. Premiers jeux Olympiques de l'ère moderne. Mouvement expressionniste. Bergson, *Le Rire.* Mirbeau, *Le Journal d'une femme de chambre.*

1901. Article d'Émile Zola sur Dreyfus.

1902. André Gide, *L'Immoraliste.*

1903. Création de l'Académie Goncourt et du prix du même nom.

1905. Fauvisme en peinture.

1906. Réhabilitation de Dreyfus. Henri Matisse, *La Gitane.* Georges Braque, *L'Estaque.*

1906-1907. Pablo Picasso, *Les Demoiselles d'Avignon.*

1907-1908. Braque, *Nu debout.*

1907. Naissance du cubisme. Victor Segalen, *Les Immémoriaux.* Henri Bergson, *L'Évolution créatrice.*

1908. Premier numéro de la *Nouvelle Revue française.*

1909. Futurisme.

1910. Naissance de l'art abstrait. Wassily Kandinsky, *Du spirituel dans l'art.*

2 septembre 1910. Mort du Douanier Rousseau.

21 août 1912. Vol de *La Joconde* au Louvre.

1912. Alexeï von Jawlensky, *Nativité*. Kandinsky, *Avec l'arc noir*.

1913. Alain-Fournier, *Le Grand Meaulnes*.

29 décembre 1913. *La Joconde* est restituée à la France par l'Italie.

1914. Carco, *Jésus-la-Caille*. Wagner, *Parsifal*.

1915. Prix Nobel à Romain Rolland pour *Au-dessus de la mêlée*. Renoir, *Femme au bain*.

1916. Albert Einstein, *Fondements de la théorie de la relativité restreinte et généralisée*. Tristan Tzara lance le mouvement Dada. Henri Barbusse, *Le Feu*. Matisse, *Le Peintre et son modèle*.

1917. Giorgio De Chirico, *Intérieur métaphysique*.

26 septembre 1917. Mort d'Edgar Degas.

1918. Egon Schiele, *La Famille*.

1919. Marcel Duchamp, *L.H.O.O.Q.* Pierre Reverdy, *La Guitare endormie*.

1921. Einstein, *Quatre Conférences sur la théorie de la relativité*. Prix Nobel de physique. Piet Mondrian, *Composition avec rouge, jaune et bleu*.

1922. Découverte de la tombe de Toutankhamon.

18 novembre 1922. Mort de Marcel Proust.

1923. Raymond Radiguet, *Le Diable au corps*.

1924. André Breton, *Premier Manifeste du surréalisme*. Le groupe est alors composé de : Aragon, Artaud, Baron, Boiffard, Carrive, Crevel, Delteil, Desnos, Eluard, Ernst, Limbour, Malkine, Morise, Naville, Noll, Péret, Picon, Soupault, Vitrac.

12 octobre 1924. Mort d'Anatole France.

Décembre 1924. Premier numéro de *La Révolution surréaliste*.

1925. Style Arts déco. Franz Kafka, *Le Procès*.

4 juin 1925. Mort de Pierre Louÿs.

1926. Otto Dix, *La Journaliste Sylvia von Harden*. Joan Miró, *Personnage lançant une pierre à un oiseau*.

29 décembre 1926. Mort de Rainer Maria Rilke.

1927. Julien Green, *Adrienne Mesurat*.

6 octobre 1927. Fin du cinéma muet avec *Le Chanteur de jazz* d'Alain Crosland.

1929. Breton, *Second Manifeste du surréalisme*. Luis Buñuel, *Un chien andalou*.

1930. Luis Buñuel et Salvador Dalí, *L'Âge d'or*.

1931. Salvador Dalí, *Six Apparitions de Lénine sur un piano*.

22 janvier 1931. Réception de Pétain à l'Académie.

1932. Louis-Ferdinand Céline, *Voyage au bout de la nuit*.

1934. Henry de Montherlant, *Les Célibataires*.

1935. Tamara de Lempicka, *Pologne*. René Magritte, *Le Modèle rouge*.

18 juin 1935. Suicide de René Crevel.

1936. Henri Langlois et Georges Franju fondent la Cinémathèque française.

1938. Antonin Artaud, *Le Théâtre et son double*. Jean-Paul Sartre, *La Nausée*.

5 janvier 1941. Mort de Bergson.

1942. Albert Camus, *L'Étranger*. Jean Anouilh, *Antigone*.

1945. Jean Dubuffet définit l'art brut. Vercors, *Le Silence de la mer*. Marcel Carné, *Les Enfants du paradis*.

27 janvier 1945. Charles Maurras condamné à la réclusion à perpétuité pour collaboration.

13 juillet 1945. L'éditeur Robert Denoël comparaît pour collaboration.

1946. Boris Vian, *J'irai cracher sur vos tombes*. Jean Delannoy, *La Symphonie pastorale* (adaptation).

1947. Action painting. Vian, *L'Écume des jours*. Christian-Jaque, *La Chartreuse de Parme* (adaptation). Jacques Audiberti, *Le mal court*. Fondation du Théâtre Renaud-Barrault.

1948. Mouvement Cobra. Hervé Bazin, *Vipère au poing*. Jean Cocteau, *Les Parents terribles*.

1949. Georges Bataille, *La Part maudite*. Jacques Tati, *Jour de fête*. Simone de Beauvoir, *Le Deuxième Sexe*.

1950. Art cinétique. Pop art. Beat Generation : beatniks. Gaston Chaissac, *La Tinette*. Jackson Pollock, *Composition*. Marguerite Duras, *Un barrage contre le Pacifique*.

1951. Marguerite Yourcenar, *Mémoires d'Hadrien*.

1952. Antoine Blondin, *Les Enfants du bon Dieu*. Jacques Becker, *Casque d'or*. Eugène Ionesco, *Les Chaises*. Georges Brassens, *Le Gorille*.

1953. Samuel Beckett, *En attendant Godot*. Alain Robbe-Grillet, *Les Gommes*. Henri-Georges Clouzot, *Le Salaire de la peur*. Léo Ferré, *Pauvre Rutebeuf*.

1954. Françoise Sagan, *Bonjour tristesse*.

1956. Romain Gary, *Les Racines du ciel*. Alain Resnais, *Nuit et brouillard*. Roger Vadim, *Et Dieu créa la femme*.

1957. Michel Butor, *La Modification*. Léo Ferré, *Les Poètes*.

1958. Philippe Sollers, *Une curieuse solitude*. Louis Malle, *Ascenseur pour l'échafaud*. Cinéastes de la Nouvelle Vague.

1959. Pierre Alechinsky, *Au pays de l'encre*. Blondin, *Un singe en hiver*. Raymond Queneau, *Zazie dans le métro*.

1960. Jean-Luc Godard, *À bout de souffle*.

1961. François Truffaut, *Jules et Jim*.

1962. Andy Warhol, *Marilyn Diptych*. Mimmo Rotella, *Nouveau Réalisme*. Jean Genet, *Le Balcon*. Yves Robert, *La Guerre des boutons*.

1963. J.-M. G. Le Clézio, *Le Procès-Verbal*. Godard, *Le Mépris*.

1964. Roger Vailland, *La Truite*. Jacques Demy, *Les Parapluies de Cherbourg*.

1965. Art conceptuel. Georges Perec, *Les Choses.* Olivier Messiaen, *Et expecto resurrectionem mortuorum.*

1966. Gilbert Cesbron, *C'est Mozart qu'on assassine.*

1967. David Hockney, *Un plus grand éclaboussement.* Claude Simon, *Histoire.*

1968. Patrick Modiano, *La Place de l'Étoile.* Yourcenar, *L'Œuvre au noir.*

1969. Victor Vasarely, *Ambigu.* Perec, *La Disparition.*

1970. Body art. François Nourissier, *La Crève. Hair* (comédie musicale). Michel Tournier, *Le Roi des Aulnes.*

1971. Pascal Lainé, *L'Irrévolution.* Pascal Jardin, *La Guerre à neuf ans.*

1972. Jean-Edern Hallier, *La Cause des peuples.*

1973. Michel Déon, *Un taxi mauve.* Bertrand Blier, *Les Valseuses.*

1974. Graffiti art. Claude Roy, *Le Malheur d'aimer.*

1975. Romain Gary-Émile Ajar, *La Vie devant soi.*

1976. Georg Baselitz, *Elke VI.* Musique punk. Jeanne Cordelier, *La Dérobade.*

1977. Bernard-Henri Lévy, *La Barbarie à visage humain.* Didier Decoin, *La neige brûle.*

1978. Perec, *La Vie mode d'emploi.* Claude Chabrol, *Violette Nozière.*

1979. Trans-avant-garde italienne. Jeanne Bourin, *La Chambre des dames.*

1980. Nathalie Sarraute, *L'Usage de la parole.*

1981. Angelo Rinaldi, *La Dernière Fête de l'Empire.* André Téchiné, *Hôtel des Amériques.*

1982. Francesco Clemente, *Fortune.* Irène Frain, *Le Nabab.*

1983. Blade, *Oh Yess.* Marek Halter, *La Mémoire d'Abraham.*

1984. Gérard Garouste, *Orion le Magnifique, Orion l'Indien.* Marguerite Duras, *L'Amant.*

1985. Yann Queffélec, *Les Noces barbares.*

1986. Hector Bianciotti, *Sans la miséricorde du Christ.* Patrick Modiano, *Un dimanche d'août.*

1987. Claude Simon, *L'Invitation.* Maurice Pialat, *Sous le soleil de Satan.*

1988. Robert Combas, *Pearl Harbor.* Yourcenar, *Quoi ? L'Éternité.* Bruno Nuytten, *Camille Claudel.*

1989. Yves Navarre, *Hôtel Styx.* Nathalie Sarraute, *Tu ne m'aimes pas.* Bertrand Tavernier, *La Vie et rien d'autre.*

1990. Jean d'Ormesson, *Histoire du juif errant.* Jean Rouaud, *Les Champs d'honneur.*

1991. Henri Troyat, *Aliocha.*

1992. Paul Guimard, *L'Âge de pierre.* Claude Sautet, *Un cœur en hiver.*

1993. Jules Roy, *Amours barbares.*

1994. Gilles Perrault, *Le Secret du roi.* Patrice Chéreau, *La Reine Margot.*

1995. J.-M. G. Le Clézio, *La Quarantaine.* Étienne Chatilliez, *Le Bonheur est dans le pré.*

Table des matières